Carlos A. Gebauer

Die Würde des Menschen im Gesundheitssystem

Fünf grundsätzliche Überlegungen zu Körper, Gesellschaft und Recht

LICHTSCHLAG NR. 25

LICHTSCHLAG NR. 25

Carlos A. Gebauer

Die Würde des Menschen im Gesundheitssystem

Fünf grundsätzliche Überlegungen zu Körper, Gesellschaft und Recht

ISBN: 978-3-939562-41-2

Lichtschlag Buchverlag
Natalia Lichtschlag Buchverlag und Büroservice
Malvenweg 24
41516 Grevenbroich

Inhalt

I. Einleitung

Vor 25 Jahren legte mir erstmals ein Krankenhaus die Rechtsfrage vor, wer seine Rechnung bezahle, wenn der Patient nicht krankenversichert sei. Die Gesetze der Bundesrepublik Deutschland, so schien es, hatten doch eigentlich für jedwede Konstellation eine Antwort parat. Man kannte wohlhabende Patienten, die ihre Rechnungen selbst beglichen; privat krankenversicherte Patienten, für die eine Versicherungsgesellschaft eintrat; gesetzlich Krankenversicherte, deren Behandlung eine Krankenkasse bezahlte; und Sozialhilfeempfänger, um die sich die gemeindliche Sozialbehörde kümmerte. Dennoch blieben Lücken, insbesondere dann, wenn der jeweilige Status eines Patienten unaufklärbar war. Auch in diesem Fall musste das Krankenhaus behandeln, um nicht dem Vorwurf einer strafbaren unterlassenen Hilfeleistung ausgesetzt zu sein.

Die Zusammenhänge zwischen Medizin und Recht, die Konflikte zwischen den Interessen des Einzelnen und denen des Staates, die Frage nach den Grenzen der öffentlichen Eingriffsbefugnis in den menschlichen Körper (als dem wohl zentralsten Ort der Privatheit) und das Spannungsverhältnis von Barmherzigkeit und Ökonomie haben mich seither durchgängig beschäftigt. Aus der Arbeit als Rechtsanwalt ist eine auch publizistische geworden. Dabei haben mich in Aufsätzen und Vorträgen weniger die tagesaktuellen Streitigkeiten des Gesundheitsrechts beschäftigt, die ohnehin meist durch permanente Gesetzesänderungen überholt sind, bevor die Tinte getrocknet ist. Wesentlicher erschien und erscheint mir die Arbeit an den Grundlagen.

In dem vorliegenden Band sind fünf Erörterungen zu dem Thema zusammengefasst, die allesamt solche Grundfragen betreffen. Wie sehr kann und darf ein Gemeinwesen – zumal dann, wenn es als staatliche Organisation mit der Befugnis zur Zwangsausübung ausgestattet ist – den einzelnen verwalten, ohne gegen seine Menschenwürde zu verstoßen? Wo finden sich ethische Grenzen für die Übertragung der gesundheitlichen Verantwortung von dem Einzelnen auf eine Behörde? Warum steht gerade eine zentralverwaltete staatliche Großorganisation in der Gefahr, medizinische Fehlentscheidungen zu Lasten des einzelnen Patienten zu treffen, und wie läßt sich dieser Gefahr durch subsidiäre Verantwortung, namentlich auch im Bereich der öffentlichen Verwaltung, entgegenwirken? Wie viele kleinteilige Gesetze sind mit der Gewährleistung von Recht in einer Gesellschaft noch vereinbar? Und wo liegen die rechtsethischen Grenzen, wenn ein Gesetzgeber glaubt, Rechtsregeln für die Allgemeinheit formulieren zu dürfen?

Ein Haus bleibt nicht stehen, wenn seine Fundamente nicht fest sind. Ebenso kann auch das kleinteiligste System eines Gesundheitsrechts keinen Bestand haben, wenn seine grundlegenden Prämissen ungeklärt sind. Der gesellschaftliche, politische und rechtliche Diskurs kommt nicht an der Frage vorbei: Wie werden die Rechts- und Verantwortungssphären des Einzelnen und der Gemeinschaft gegeneinander abgegrenzt? Mag dieser Band einen Beitrag dazu leisten.

II. Die Menschenwürde im Sozialstaat

Über eines lässt sich mit jedermann schnell Einigkeit erzielen: Menschenunwürdige Verhältnisse sind unerträglich. Schwieriger allerdings wird es, will man Einigkeit über die Frage herstellen, was denn Menschenwürde im Einzelnen überhaupt sei. Wenn also die Charta der Grundrechte der Europäischen Union in ihrem ersten Artikel erklärt „Die Würde des Menschen ist unantastbar“, dann sind damit im Grunde mehr Fragen aufgeworfen als beantwortet. Was nämlich kennzeichnet diese Würde? Wo fängt sie an, wo endet sie?

Aus deutscher Sicht fällt auf, dass dieser zitierte Artikel aus dem EU-Recht wörtlich übereinstimmt mit dem Beginn des bundesrepublikanischen Grundgesetzes. Auch dessen erster Artikel beschreibt exakt jene Unantastbarkeit der Menschenwürde. In der verfassungsrechtlichen Literatur wird die dortige Hervorhebung der Menschenwürde mit dem historischen Kontext erklärt. Weil die Nationalsozialisten die Menschenwürde so exzessiv verletzt hatten, sollte nun der neue deutsche Staat hier die Garantie für das Gegenteil bieten. Deswegen rückte der Schutz der Menschenwürde (der in der vorangegangenen Weimarer Reichsverfassung noch weit hinten, im 151. Artikel, behandelt worden war) in den ersten Grundgesetzartikel vor.

An genau diese erste Stelle des Verfassungstextes hatten die Entwurfsverfasser für das Grundgesetz allerdings ursprünglich noch eine ganz andere Formulierung setzen wollen. Im sogenannten Herrenchiemseer Entwurf für das Grundgesetz hieß es dort: „Der Staat ist um des Menschen willen da, nicht der Mensch um des Staates willen.“ Der besondere Wert dieser Formulierung liegt augenscheinlich darin, dass er dem Leser und Rechtsanwender eine inhaltliche Richtung weist: Kollidieren die Interessen des Staates mit den Interessen des einzelnen Menschen, dann haben die Interessen des Individuums Vorrang. Mit anderen Worten: In der Fassung des Entwurfs gab es gleichsam noch eine eindeutige Vorfahrtregelung für den Menschen und gegen den Staat.

Das Zurückstehenmüssen des staatlichen Apparats gegen den Einzelnen wurde – so merkwürdig es klingt – mit der Entscheidung für die Formulierung von der unantastbaren Würde abgemildert. In der gewählten Endversion darf der Staat wieder mehr. Und tatsächlich: Der zweite Satz des deutschen Grundgesetzes unterstreicht genau dies. „Sie", also die Menschenwürde, „zu achten und zu schützen ist Verpflichtung aller staatlichen Gewalt". Der Staat hat also seine Finger von der Würde zu lassen und er hat fremde Finger von der Würde fernzuhalten. In Ermangelung einer Vorfahrtregelung für den einzelnen Menschen darf aber nun jedenfalls der Staat definieren, was Würde sei und was nicht. Mehr noch: Weil – der herrschenden Verfassungslehre entsprechend – das Individuum auf seine Grundrechte nicht schrankenlos verzichten darf, bleibt der Bereich dessen, was Würde ist, den staatlichen Organen zur Ausgestaltung überlassen.

Die Rechtsprechung der Bundesrepublik Deutschland hat sich vor diesem Hintergrund bemüht, der Menschenwürde eine juristisch handhabbare Gestalt zu geben. Das Bundesverfassungsgericht hat erklärt, der einzelne Mensch müsse stets Subjekt bleiben, er dürfe nicht zum Objekt staatlicher Maßnahmen herabgewürdigt werden. Auf der Basis dieser Überlegung hat der Bürger beispielsweise das Recht, vor einer staatlichen Entscheidung, die ihn betrifft, angehört zu werden. Er soll nicht nur wie eine willenlose Schachfigur über das Staatsspielbrett geschoben werden dürfen, auch wenn die Spieler glauben, es sei doch so zu seinem Besten.

Wo aber verläuft diese Grenze zwischen Subjekt und Objekt? Verhört der Polizist einen Bürger, dann ist es dessen subjektive Entscheidung, ob er redet oder nicht, was er sagt und worüber er schweigt. Beginnt der Polizist hingegen, den Bürger unter Schmerzen und Drohungen zu foltern, dann presst er die gewünschte Information zuletzt gewaltsam aus dem Menschen heraus wie Creme aus einer Tube. Wo der Wille des anderen, der Wille des Bürgers oder – anders gesprochen – der Wille des Nächsten keine Bedeutung mehr hat und keine Rolle mehr spielt, da nähert man sich einer Verletzung seiner Menschenwürde schon bald.

Kläger haben geltend gemacht, sie wollten sich nicht von einer Ampel vorschreiben lassen, ob sie weitergehen dürften oder nicht. Der Apparat mache sie andernfalls zum Objekt. Mit Vortrag wie diesem hat man die Rechtsprechung dahin gebracht, zu erklären, die Menschenwürde sei keine „kleine Münze". Vielmehr sei sie nur dann rechtswidrig betroffen, wenn die Subjektqualität des einzelnen „prinzipiell in Frage gestellt" werde. Die Garantie der Menschenwürde vermittle nur einen „Elementarschutz". Vergleicht man dieses Wort mit dem seinerzeitigen historischen Verfassungsentwurf, der dem einzelnen noch generell Vorfahrt vor dem Staat gewähren wollte, dann will scheinen, als sei der Schrecken über die Konsequenzen des faschistischen Unrechts in Deutschland über die Jahrzehnte erkaltet. Muss nicht der erste Gedanke eines jeden Bürgers in einem Staat, der für sich das sogenannte Gewaltmonopol reklamiert, an jedem Morgen die Frage sein: Wie hege ich die daraus resultierenden Gefahren für mich und meine Mitbürger – als prinzipiell gewaltunterworfener, schwächerer Teil – heute mit Aussicht auf Erfolg ein?

Seine Berufsordnung verpflichtet jeden deutschen Rechtsanwalt, Mandanten – so wörtlich – „gegen verfassungswidrige Beeinträchtigung und staatliche Machtüberschreitung zu sichern". Genau hier blitzt wieder der Vorrang des Einzelnen vor dem Staat auf. Mit den Mitteln des Rechts ist den Potentialen der staatlichen Gewaltorganisation entgegenzutreten. Denn jede noch so große Summe aus Teilen hat keinen Wert mehr, wenn allen ihren Teilen ihr Wert geraubt ist. Die Menschenwürde unangetastet zu lassen, heißt also: Jede einzelne Zelle des Gesamtorganismus ist unbedingt zu respektieren. Was der Staat der geringsten Zelle antut, das hat er zuletzt sich selbst angetan.

Bündelt man diese grundlegenden Erkenntnisse über den Einzelnen und die (staatliche) Gemeinschaft mit dem Anspruch, dass alle Beteiligten respekt- und würdevoll miteinander umzugehen haben, so folgen daraus einige wahrhaft elementar schützende Grundsätze: Jeder Einzelne hat das Recht, gefragt zu werden, bevor von anderen über ihn eine Entscheidung getroffen wird. Jeder Einzelne hat das Recht, sich aus Gemeinschaften zu verabschieden, die Beschlüsse fassen und durchsetzen, die er nicht mittragen möchte. Jeder Einzelne hat das Recht, seine Seele, seinen Körper und sein Eigentum von Kollektivierungen fernhalten zu dürfen, an denen er nicht beteiligt sein möchte. Jeder Einzelne hat das Recht, dass seine eigene, freie Willensentscheidung von anderen respektiert wird, solange er anderen dadurch nicht schadet. Jeder Einzelne hat das Recht, sich zu irren und in sein eigenes Unglück zu rennen – die anderen dürfen ihn daran nicht gewaltsam hindern, sie haben nur die moralische Pflicht, ihn auf Gefahren hinzuweisen, die sie kennen.

Die europäische Rechtsprechung hat sich unterdessen in ihrem Bestreben, den Bürger nicht nur vor dem Staat und übelmeinenden Mitbürgern, sondern vornehmlich auch vor sich selbst zu schützen, in bemerkenswert kleinteilige Verirrungen gestürzt. So hat man kleinwüchsigen Menschen unter ausdrücklicher Bezugnahme auf die Unantastbarkeit und Unverfügbarkeit der Menschenwürde verboten, sich an sogenannten Zwergenweitwurfveranstaltungen zu beteiligen. Denn ein „Zwerg“, der sich von einem anderen durch die Luft werfen lasse, mache sich selbst zum Objekt, was seine Subjektqualität prinzipiell in Frage stelle und mit dem Elementarschutz der Würde schlechterdings nicht vereinbar sei. Wenn der „Zwerg“ mit solcher Volksbelustigung auch – willentlich – seinen eigenen Lebensunterhalt verdienen wollte, so durfte dies nicht sein. Lieber sollte er sich an die zuständigen Sozialverwaltungen wenden, die ihm dann milde Wohltätigkeit aus Steuermitteln zuwenden sollten.

Über die Blüten, die derlei staatliche Bevormundungsaktivitäten treiben, hätten auch die Verfasser des Herrenchiemseer Grundgesetzentwurfs sicher nur den Kopf geschüttelt. Das Bundessozialgericht in Kassel musste beispielsweise entscheiden, ob es die Pflicht staatlicher Arbeitsvermittler sei, arbeitslosen Prostituierten einen Arbeitsplatz zu vermitteln. Unter Hinweis auf die dogmatischen Erkenntnisse der beschriebenen Zwergenweitwurfproblematik erklärten sie, eine solche Vermittlungspflicht bestehe nicht, weil sonst bald auch die „schwierige Abgrenzungsfrage" zu beantworten sein könnte, ob einer arbeitslosen Prostituierten wegen der Ablehnung einer angetragenen Arbeitsmöglichkeit die Unterstützungsleistungen des Amtes gekürzt werden müssten. Was, mag man sich fragen, kollidiert wohl eher mit dem Eigenwert einer Person, mit ihrer personalen Würde, ihrem Respektanspruch: die willentliche Entscheidung, in einem Zirkus akrobatischen Unsinn zu treiben, oder die unwillentliche Entscheidung, einem Amtmann pflichtgemäß Rede und Antwort zu den eigenen, persönlichsten Lebensverhältnissen stehen zu müssen? Die Menschenwürde im Sozialstaat – sie bedarf der Diskussion.

III. Wenn der Staat beim Sterben hilft

Recht und Gesetz sagen uns, wie wir uns richtigerweise zu verhalten haben. Juristische Normen legen damit Standards fest, an denen sich unser Handeln orientieren soll. Handeln in diesem Sinne ist nicht nur aktives Tun. Auch ein bloßes Nichtstun kann ein Handeln im juristischen Sinne darstellen. Strafrechtliche Lehrbücher erklären diesen Zusammenhang oft mit dem Beispiel einer Mutter. Bei ihr macht es offenkundig keinen Unterschied, ob sie ihren neugeborenen Säugling aktiv tötet oder ob sie ihn, selbst völlig passiv bleibend, verhungern lässt. In beiden Fällen hat sie gleichermaßen rechtsrelevant gehandelt und sich wegen einer Tötung strafbar gemacht.

Für Ärzte am Sterbebett eines Patienten ergeben sich aus dieser Gleichstellung von Tun und Unterlassen oft schwierigste Verhaltensprobleme. Denn die zentrale Frage, mit der Ärzte dort konfrontiert werden, lautet: Welches medizinische Handeln ist geboten, um abwendbare Lebensgefahren abzuwehren, ohne zugleich einen aussichtslosen Kampf gegen Unabwendbares zu führen, der tatsächlich nur das Leiden des Sterbenden vermeidbar verlängert? Diese Frage zu stellen, heißt praktisch einzuräumen, dass es wirklich richtige Antworten hier kaum geben kann. Denn im Angesicht des Todes stehen Arzt und Patient nur allzu oft in einem Raum der Unsicherheiten, der keinerlei feste Orientierung bietet.

Je weniger sicheres Wissen Menschen aber über eine bestimmte Situation haben (und haben können), desto spekulativer muss ihr Verhalten werden. Wo wir nicht an Gewissheiten anknüpfen können, da sind wir für unsere weiteren Entscheidungen und unser weiteres Handeln auf bloße Annahmen und Vermutungen zurückgeworfen. An die Stelle des klaren Wissens treten das Meinen und das Abschätzen. Ob eine bestimmte Gefahr für Leib und Leben des Patienten prognostisch noch anzuwenden sein wird oder ob es gegen sie keine wirksamen medizinischen Mittel mehr geben werde, bleibt im Unklaren. Trifft der Arzt in dieser Lage die Entscheidung, einen objektiv aussichtslosen Kampf zu führen, verlängert er das Leiden seines Patienten. Gibt er den Kampf indes zu früh auf, stirbt unter Umständen ein Mensch, der noch hätte gerettet werden können.

Technische Fortschritte der Medizin haben das Arsenal potentiell möglicher Maßnahmen gegen den bevorstehenden Tod eines Menschen inzwischen gleichsam unabsehbar erweitert. Man wird kaum fehlgehen mit der Feststellung, dass heute ein jeder Tod eines jeden Menschen mit bereits existierenden medizinischen Mitteln mindestens noch verzögert werden kann. Dies wirft zwangsläufig die Frage auf, wer über eine solche Herauszögerung des Todes und insbesondere über den hierfür erforderlichen Mitteleinsatz zu befinden hat.

Belässt man die Befugnis zur Entscheidung über diese Frage im Zuständigkeitsbereich des Arztes, dann vergrößert man zwangsläufig den Bereich derjenigen Verhaltensunsicherheiten, in denen er sich ohnehin bereits befindet. Denn die technische Grenzverschiebung der Rettungsmöglichkeiten, die weit in den Raum der Unsicherheit über die tatsächliche Lage hineinreicht, erweitert die ärztlichen Handlungs- und mithin Entscheidungsspielräume unausweichlich. Was der Arzt richtigerweise zu tun und was er zu unterlassen hat, verunklart sich erheblich.

Im Gegenzug lassen sich diese Handlungsnöte eines Arztes am Sterbebett allerdings deutlich reduzieren, wenn Recht und Gesetz in dieser Lage genau demjenigen eine größere Mitsprachebefugnis über die anstehenden Abläufe zugestehen, den es unmittelbar selbst angeht: den sterbenden Patienten. Wer, wenn nicht er, soll am ehesten legitim über Situationen entscheiden, in denen niemand, auch kein Arzt, verlässliche Tatsachenfeststellungen und Zukunftsprognosen liefern könnte? Wenn richtig ist, dass es der Patient ist, der über jedwede medizinische Maßnahmen oder Nichtmaßnahmen bis an die Grenze von Impfzwang und Quarantänepflicht in freier Willensbestimmung zu entscheiden hat, dann muss auch richtig sein, ihn im Angesicht seines eigenen Todes relevant über einsetzende oder ausbleibende Rettungsmaßnahmen bestimmen zu lassen.

Indem der deutsche Gesetzgeber im Jahre 2009 mit der Einführung von Paragraph 1901a BGB die Möglichkeit schuf, eine sogenannte „Patientenverfügung" zu errichten, erweiterte er somit nicht nur die rechtlich verbindlichen Entscheidungsbefugnisse für einen jeden Patienten. Die Möglichkeit, als Patient im vorhinein bestimmte ärztliche Heileingriffe rechtswirksam zu untersagen, führte für jeden Arzt auch zu der Reduzierung seiner eigenen Handlungsnöte am Sterbebett. Weite Teile des Prognoserisikos, wie sich eine bestimmte gesundheitliche Krisensituation künftig mutmaßlich entwickeln werde, sind nunmehr, eine sorgsame Patientenverfügung vorausgesetzt, von dem Arzt auf den Patienten verlagert. Hat der Patient verfügt, gewisse Rettungsmaßnahmen künftig definitiv nicht zu wünschen, ist der Arzt von der Last befreit, für den Patienten entscheiden zu müssen. Heilung und Rettung zu versuchen, wo er es als Arzt vielleicht noch für hoffnungsvoll hielte, kann ihm nun definitiv verboten sein, wo und wenn der Patient es so gewollt und niedergeschrieben hat.

Kritiker haben gegen derartige Patientenverfügungen zwar eingewandt, künftige Patienten seien sich zum Zeitpunkt der Abfassung einer solchen Verfügung oft gar nicht der Bedeutung und Tragweite ihrer medizinischen Festlegungen bewusst. Diese Bedenken greifen aber, genau betrachtet, im Ergebnis nicht durch. Denn von der Anstrengung, über die eigene Gesundheit nachzudenken und sich möglichen Fragen einer künftigen Behandlung zu stellen, kann und sollte ein verantwortungsbewusster Mensch nicht entbunden werden. Im Gegenteil: Je existentieller die Probleme sind, mit denen im Rahmen einer Therapie umgegangen werden muss, desto größer ist das Bedürfnis, über sie von dem betroffenen Patienten selbst entscheiden zu lassen, statt die wirklich schwergewichtigen Antworten dann von Angehörigen oder gar Fremden erwarten zu wollen. Jeder, der seinen Körper und seine Gesundheit ernst nimmt, hat also Anlass, durch sorgsame Gespräche mit den Ärzten und, nötigenfalls, Juristen seines Vertrauens gewissenhafte Formulierungen zu finden. Immerhin kann er im Falle des Falles durch solche Klarstellungen auch ganz maßgeblich die Gewissen seiner Nächsten entlasten.

Während die zivilrechtlichen (und in der Folge auch die strafrechtlichen) Verhältnisse zwischen Arzt und sterbendem Patienten daher nun mit jener Gesetzesregelung in Paragraph 1901a BGB einer ebenso sinnvollen wie rechtsethisch anerkennenswerten Präzisierung zugeführt wurden, belastet eine andere Schwierigkeit wiederum genau diese medizinische Behandlungsbeziehung. Denn das Hinauszögern eines Todes beziehungsweise der Versuch, die Verlängerung eines Menschenlebens zu erreichen, wird durch die sozialversicherungsrechtlichen Gesetze in Deutschland einer anderen, rechtsethisch äußerst problembehafteten Perspektive unterworfen.

Ob ein medizinischer Eingriff durchgeführt wird oder welche von mehreren alternativ in Betracht kommenden ärztlichen Maßnahmen verwirklicht werden, bestimmt nach gefestigter zivil- und strafrechtlicher Rechtslage in Deutschland in erster Linie der Patient selbst. Solange er wachen Geistes ist, hat er von seinem Arzt aufgeklärt und gefragt zu werden, was sein Wille als Patient ist. Auch die objektiv unvernünftige Entscheidung des Patienten, einen bestimmten ärztlich angeratenen Eingriff nicht durchführen zu lassen, muss akzeptiert werden. Kein Erwachsener darf gegen seinen Willen einer Operation unterzogen werden.

Anders ist die Rechtslage jedoch für jeden „Pflichtversicherten“ in der gesetzlichen Krankenversicherung nach Maßgabe des Fünften Sozialgesetzbuchs (SGB V). Nach diesen sozialversicherungsrechtlichen Regeln sind der Wille des Patienten und seine freie Willensbestimmung hinsichtlich der Durchführung oder Nichtdurchführung bestimmter medizinischer Maßnahmen praktisch unbeachtlich. Ist das „Pflichtversicherungsverhältnis“, also der gesetzliche Zwang, an der öffentlichen Krankenversorgung teilzunehmen, einmal begründet, so bestimmen sich alle Inhalte der medizinischen Behandlung nach dessen internen

Regularien. Gefragt wird dort nicht, was der Patient wünscht oder welche Behandlungsmaßnahme er und sein Arzt einer anderen vorziehen. Maßgebend ist alleine, dass die ausgewählte und durchgeführte Behandlung ausreichend, zweckmäßig, wirtschaftlich und notwendig ist, wie Paragraph 12 Absatz 1 SGB V bestimmt.

Was im einzelnen diesen Kriterien genügt, definiert der sogenannte „Gemeinsame Bundesausschuss", der aus Vertretern von Kassenärztlichen Bundesvereinigungen, Deutscher Krankenhausgesellschaft und Spitzenvertretern der Krankenkassen gebildet wird. Er beschließt nach Paragraph 92 Absatz 1 SGB V die zur Sicherung der ärztlichen Versorgung erforderlichen Richtlinien über die Gewährung der ausreichenden, zweckmäßigen und wirtschaftlichen medizinischen Versorgung der Versicherten.

Zu diesen Richtlinien gehören unter anderem auch diejenigen über eine spezialisierte ambulante Palliativversorgung. Paragraph 92 Absatz 7b SGB V bestimmt dabei: „Vor der Entscheidung über die Richtlinien zur Verordnung von spezialisierter ambulanter Palliativversorgung nach Absatz 1 Satz 2 Nr. 14 ist den maßgeblichen Organisationen der Hospizarbeit und der Palliativversorgung sowie den in Paragraph 132a Absatz 1 Satz 1 genannten Organisationen Gelegenheit zur Stellungnahme zu geben. Die Stellungnahmen sind in die Entscheidung einzubeziehen." Der in jener Vorschrift genannte Paragraph 132a Absatz 1 SGB V besagt unter anderem: „Der Spitzenverband Bund der Krankenkassen und die für die Wahrnehmung der Interessen von Pflegediensten maßgeblichen Spitzenorganisationen auf Bundesebene haben … gemeinsam Rahmenempfehlungen über die einheitliche Versorgung mit häuslicher Krankenpflege abzugeben; für Pflegedienste, die einer Kirche oder einer Religionsgemeinschaft des öffentlichen Rechts oder einem sonstigen freigemeinnützigen Träger zuzuordnen sind, können die Rahmenempfehlungen gemeinsam mit den übrigen Partnern der Rahmenempfehlungen auch von der Kirche oder der Religionsgemeinschaft oder von dem Wohlfahrtsverband abgeschlossen werden, dem die Einrichtung angehört. Vor Abschluss der Vereinbarung ist der Kassenärztlichen Bundesvereinigung und der Deutschen Krankenhausgesellschaft Gelegenheit zur Stellungnahme zu geben. Die Stellungnahmen sind in den Entscheidungsprozess der Partner der Rahmenempfehlungen einzubeziehen."

Im Zusammenspiel mit der Richtlinie über die erwartbare Krankenhausbehandlung nach Paragraph 92 Absatz 1 Nr. 6 SGB V wird hier also von dem Gemeinsamen Bundesausschuss faktisch abschließend vorgegeben, welche medizinischen und pflegerischen Maßnahmen für pflichtversicherte Sterbende erbracht werden dürfen und welche nicht. Die Einschätzung der konkreten Lage am Sterbebett und der Umfang entsprechend ergriffener Rettungsmaßnahmen werden damit schlussendlich weder von dem Patienten selbst, noch von seinem anwesenden Arzt vorgenommen. Gilt eine bestimmte Maßnahme nach den Richtlinien des Gemeinsamen Bundesausschusses daher generell als unwirtschaftlich, unzweckmäßig oder übermäßig, dann greift Paragraph 12 Absatz 1 Satz 2 SGB V, der besagt: „Leistungen, die nicht notwendig oder unwirtschaftlich sind, können Versicherte nicht beanspruchen, dürfen die Leistungserbringer nicht bewirken und die Krankenkassen nicht bewilligen."

Was demnach im Gefolge eines Beschlusses durch den Gemeinsamen Bundesausschuss abstrakt-generell als unwirtschaftlich gilt, muss ärztlich unterlassen werden. Der gesetzliche Befehl an den Arzt, passiv zu bleiben, ist sozialversicherungsrechtlich verbindlich, auch wenn durch dieses Unterlassen der Todeszeitpunkt für den Patienten unausweichlich näher rückt. Die generelle Zielstellung aus Paragraph 1 Satz 1 SGB V wird konkret und praktisch verdrängt. Sie lautet: „Die Krankenversicherung als Solidargemeinschaft hat die Aufgabe, die Gesundheit der Versicherten zu erhalten, wiederherzustellen oder ihren Gesundheitszustand zu bessern."

Indem der Staat mit dem gesetzlichen Versicherungszwang für seine Bürger unausweichlich macht, sich diesen medizinischen Richtlinien zu unterwerfen, fördert er nicht nur deren Gesundheitsversorgung auf der einen, sondern begrenzt er auch den Umfang ihrer potentiell lebenserhaltenden Behandlungschancen auf der anderen Seite. Da das eine nicht ohne das andere zu erreichen ist, bleibt die rechtsethische Frage, ob ein Staat seine Bürger zur Teilnahme an einem beziehungsweise zur Unterwerfung unter einen derartigen Sachzwang wirksam verpflichten kann. Gute Gründe sprechen dafür, dies zu verneinen. Denn wenn ein Staat seine Bürger anerkanntermaßen schon nicht gegen deren Willen zu objektiv sinnvollen medizinischen Eingriffen zwingen kann, warum sollte er dann legitim befugt sein, sie in Zweifelsfällen zwingen zu dürfen, bestimmte lebensrettende Maßnahmen nicht ergreifen zu können? Solange diese Frage nicht allgemein akzeptabel beantwortet ist, müssen wir uns eingestehen, dass unser Staat durch verbindliche sozialversicherungsrechtliche Gesetze beim Sterben hilft. Jeden Tag. Überall im Land. Für die überragende Mehrzahl aller Bürger, die in einer gesetzlichen Krankenkasse „pflichtversichert“ sind.

IV. Darf es ein bisschen mehr sein? Warum zu viele Gesetze uns nicht Recht sein können

Einer der schönsten und gleichzeitig doppelbödigsten Sätze der deutschen Sprache lautet: „Darf es ein bisschen mehr sein?“. Der Satz erscheint zunächst höflich, weil er nach einer Erlaubnis fragt. Auch klingt er maßvoll, weil er seinen Gegenstand offenbar nicht übertreiben möchte. Und in allem enthält er auch noch eine Art Verheißung, weil er dem Gefragten irgendein Mehr in Aussicht zu stellen scheint. Gleichwohl ist der Satz moralisch zutiefst problematisch. Denn in seinem Kern birgt er, versteckt, schlichtweg Teuflisches.

Die Metzgersgattin nämlich, die uns Kunden diese Frage stellt, ist in Wahrheit weder höflich noch zurückhaltend. Tatsächlich ist sie erstens träge, weil sie das auf die Waage geworfene Wurstbündel nicht aufwendig entwirren will, und zweitens ist sie simpel interessiert, uns mehr Ware zu verkaufen, als wir eigentlich bestellt hatten. Und das gezielt auf unsere Kosten. Sie könnte nämlich auch, mit mehr Aufwand an Worten und Sätzen, gefragt haben: „Haben Sie den Mut, mir laut und vernehmlich vor allen anderen Kunden im Laden zu widersprechen, wenn ich versuche, Ihnen etwas tiefer in Ihre Tasche zu greifen? Und möchten Sie wirklich darauf bestehen, dass alle anderen Kunden hier noch länger wartend anstehen müssen, während ich, alleine im Dienste Ihres Geizes, Gramm für Gramm, das Wurstgewicht auf der Waage wieder minimiere?“. So gewendet, bliebe nichts von Höflichkeit, Maß oder Vorteil für den Gefragten. Und genau das ist auch der Grund, warum wir Wurstkäufer diese Sätze von der Fleischerfrau noch nie gehört haben.

Auch in anderen Lebenszusammenhängen begegnen uns vergleichbare Sätze, die wir in aller Regel für harmlos und akzeptabel halten, ohne uns je ihren eigentlichen Bedeutungskern zu verinnerlichen. Diese Gedankenlosigkeit kann an diesen anderen Orten aber massiv dazu führen, dass man mehr verliert als nur ein paar Münzen in der Schlachterei. Im allgemeinen Rechtsverkehr und unter Staatsbürgern ist beispielsweise die Rede verbreitet, man wolle sich „an Recht und Gesetz halten". Warum aber will man das eigentlich? Warum an beides? Warum genügt es nicht, gesetzestreu, und warum reicht es nicht, rechtschaffen zu sein? Gibt es am Ende Unterschiede zwischen Recht und Gesetz? Und kann ein Gesetz vielleicht gar selber Unrecht sein?

Wer einmal entdeckt hat, dass es einen solchen Unterschied zwischen Recht und Gesetz tatsächlich gibt, der steht von diesem Zeitpunkt an vor der nicht mehr tilgbaren Aufgabe, beides für sich selbst, in Abgrenzung des einen vom anderen, zu definieren. Denn ohne diese Klärung ließe sich der vormals noch naive Anspruch, unbedachtsam sowohl das Recht als auch das Gesetz in tumber Einheit respektieren zu können, nicht mehr aufrechterhalten.

Viele Bürger des sogenannten „modernen Staates" leben heute weitgehend in der Vorstellung, das Recht setze sich aus der Gesamtheit aller derjenigen Gesetze zusammen, die der Staat in einem ordnungsgemäßen Verfahren beschlossen, erlassen und verkündet habe. Tatsächlich aber sind das Recht und seine Regeln viel älter, als es irgendein Staat heutiger Prägung wäre. In der europäischen Tradition des menschlichen Miteinanders gab es seit jeher Rechtsregeln, die ihren Ursprung in althergebrachten Bräuchen und Traditionen hatten. Was Menschen seit unvordenklichen Zeiten für richtig erkannt und immer wieder über Generationen praktiziert hatten, genau das galt ihnen als Recht. Und weil es seit jeher Konflikte an der Wurzel zu vermeiden oder in den Verästelungen zu entwirren half, genau deshalb war dieses Recht auch allgemein als das richtige akzeptiert. Kurz: Das Rechte war das Richtige und das Unrichtige das Unrechte.

In seiner Anbindung an das Unvordenkliche, Überzeitliche fand sich demgemäß auch ein nur allzu naheliegender Bezug des Rechts zu gelebter Religion und allgemeiner Moral. Die biblischen Tötungs-, Diebstahls- und Begehrensverbote des Dekalogs beispielsweise, als faktisch überkulturelle, elementare Grundregeln für ein friedlich funktionsfähiges Gemeinwesen, bestanden lange, bevor moderne Staatsverfassungen – je nach der weltanschaulichen Grundausrichtung ihrer Verfasser mal mehr und mal weniger ernsthaft – erklärten, sie seien es, die das Leben und Eigentum der Bürger schützten. Ein kurzer rechtsvergleichender Blick erhellt diesen Zusammenhang.

Während Artikel 26 der Schweizer Bundesverfassung beispielsweise noch heute formuliert: „Das Eigentum ist gewährleistet", klingt Artikel 14 des bundesdeutschen Grundgesetzes von 1949, nahezu wortgleich mit der vorangegangenen Weimarer Reichsverfassung von 1919, ganz anders: „Das Eigentum und das Erbrecht werden gewährleistet. Inhalt und Schranken werden durch die Gesetze bestimmt." Die Abweichung im Wortlaut scheint klein, ist aber in der Sache durchaus wesentlich. Die Schweizer Verfassung sieht das Eigentum nämlich noch als eine vorgesetzliche Größe, die aus sich heraus verständlich ist und deshalb auch keiner erläuternden Definition durch den Gesetzgeber bedarf. Zum Unterschied hiervon will das deutsche Grundgesetz sowohl den Inhalt des Eigentums als auch seine Schranken exklusiv staatlicherseits durch Gesetze definiert wissen. Noch weiter ging die DDR-Verfassung vom 7. Oktober 1949 in ihrem definitorischen Machtanspruch. Sie bestimmte in Artikel 22: „Das Eigentum wird von der Verfassung gewährleistet. Sein Inhalt und seine Schranken ergeben sich aus den Gesetzen und den sozialen Pflichten gegenüber der Gemeinschaft." Und der Ost-Berliner Verfassungsartikel 89 stellte dazu gleich noch klar: „Ordnungsgemäß verkündete Gesetze sind von Richtern auf ihre Verfassungsmäßigkeit nicht zu prüfen."

Der ursprünglich ganz unbedingte, im Dekalog biblisch gebotene Eigentumsschutz verdünnte sich im Laufe der Geschichte auf diese Weise zu einer staatlichen Gewährleistung gerade noch derjenigen individuellen Machtpositionen, die der jeweils definierende Verfassungsgeber als bürgerliches Eigentum hinzunehmen bereit ist.

Die Entwicklung des deutschen Vertragsrechts seit dem Inkrafttreten des Bürgerlichen Gesetzbuches (BGB) mit dem 1. Januar 1900 zeigt einen vergleichbaren normativen Kulturkampf zwischen einerseits hergebrachten Traditionen und andererseits formaljuristischen Möglichkeiten: „Ein Rechtsgeschäft, das gegen die guten Sitten verstößt, ist nichtig“ besagt – ähnlich dem Artikel 20 des schweizerischen Obligationenrechts – der deutsche Paragraph 138 BGB. Er tritt neben die weitere Regel, dass ausdrückliche gesetzliche Verbote Rechtsgeschäfte nichtig, das heißt juristisch inexistent, machen können. Auf diese Weise bezieht der gesetzliche Verweis auf das Sittengesetz alles außergesetzlich gesellschaftlich Verbindliche in die förmliche Rechtsordnung mit ein. Der Richter hat dabei zu prüfen, ob – wie man sagt – ein Rechtsgeschäft dem „Anstandsgefühl aller billig und gerecht Denkenden“ entspricht oder ob dieses Anstandsgefühl es gebietet, jenem betreffenden Geschäft eine rechtliche Verbindlichkeit abzusprechen.

Die hierzu nötige richterliche Prüfung arbeitet mitnichten nur eine rhetorische Leerformel ab. Ganz im Gegenteil! Sie hat zu fragen, was „alle“, also eine mindestens überragend große Mehrheit der Rechtsgemeinschaftsmitglieder, im breitesten Konsens für gemeinschaftlich anständig, also für richtig halten. Und diese „alle“ Menschen, die Prüfmaßstab sind, haben nicht nur „gerecht“ zu denken, das heißt in den Kategorien von formalem Recht oder formalem Unrecht, sondern zugleich in den Kategorien der Billigkeit, mit anderen Worten in den Maßstäben der Angemessenheit. Ein bloßes Abstellen nur auf formaljuristische Rechtspositionen, auf gesetzliche Spielräume oder Beckmessersche Vertragswinkel scheidet damit hier aus. Das überraffinierte Kleingedruckte, die listige Falle für den unbedarften

Geschäftspartner: An dieser Prüfungsschwelle scheitert, wer den Rechtsgenossen unanständig übervorteilen wollte.

Das BGB hat in dieser Verklammerung von staatlichem Gesetz und außerstaatlicher Sittenregel eine geradezu geniale Möglichkeit geschaffen, rechtliche Normen mit außerrechtlichen Argumenten, faktisch solchen der individuellen Gnade im Einzelfall, abzuwägen. Wo – wie man sagt – „Gnade vor Recht ergeht“, da treten in der Sache Angemessenheitserwägungen an die Stelle nur formaler Gesetzeslogik. Doch der darin liegende Verstoß gegen das geschriebene Recht verletzt nicht die materielle Rechtsordnung insgesamt. Vielmehr gehört der Regelbruch seinerseits noch zum und also in das Recht.

Die gesetzlichen Möglichkeiten für Richter, auf diesem Wege kraft eigener Überlegung die normative Grundlage für eine anschließende eigene Einzelfallentscheidung zu legen, schwinden indes zusehends. Wo das deutsche Gericht auf der Suche nach dem einschlägigen Sittengesetz das Anstandsgefühl aller billig und gerecht Denkenden erforschen muss und wo das Schweizer Gericht in Ermangelung einer vorhandenen Gesetzesregel „nach der Regel entscheiden (darf), die es als Gesetzgeber aufstellen würde“, wie Artikel 1 Absatz 2 des Schweizer Zivilgesetzbuches bestimmt, da dringen innerhalb der Europäischen Gemeinschaft zunehmend staatliche Billigkeitserwägungen in die normativen Lücken.

Wenn beispielsweise Paragraph 309 des deutschen BGB inzwischen bei Dauerschuldverhältnissen allgemeine Geschäftsbedingungen für unwirksam erklärt, wenn sie eine längere Kündigungsfrist als drei Monate vor Vertragsende vorsehen, dann ist dies in erster Linie eine Misstrauenserklärung des Gesetzgebers gegenüber den Gerichten. Denn diesen wird offenbar nicht zugetraut, derartige Fälle über den dogmatischen Ansatz eines Sittenverstoßes zu lösen. Damit aber nicht genug. Dass dieselbe Vorschrift des BGB sich selbst für unanwendbar erklärt, wenn ein Versicherungsvertrag im „Kleingedruckten“ derartige Verlängerungsklauseln enthält, lässt zwanglos auf die beteiligten Interessen bei der Gesetzwerdung rückschließen. Anders gesagt: Nicht mehr die überwältigende Mehrheit der betroffenen Rechtsgenossen muss derartigen Regeln als „billig und gerecht" zustimmen. Es genügt nunmehr im Gegenteil die gezielte Einflussnahme auf den zuständigen Gesetzgeber bei der Normsetzung. Zieht man mit in das Kalkül, dass derartige nationale Gesetze nur die Umsetzung überstaatlicher EU-Richtlinien darstellen, wie etwa die Vorschriften zu Fernabsatzverträgen, Haustürgeschäften oder sonstigen Verbraucherschutzregeln, dann wird klar: Die Regelungskreise des förmlichen Gesetzes werden gegenüber denen des allgemeinen Rechts immer weiter ausgedehnt. Der Bürger hat sich vermehrt nur noch an die Gesetze, nicht aber an das Recht zu halten. Denn die alleine scheinen ihm den einzigen Weg in die verlässliche Legalität zu weisen.

Im Gewand der juristischen Verlässlichkeit und der vermeintlich erhöhten Rechtssicherheit ergreift die Staatsorganisation somit immer kleinteiliger die Regelungsbefugnis über das Recht. Jene Machtausweitung beschränkt sich nicht auf das Zivilrecht. Sie erstreckt sich insbesondere auch auf die staatliche Domäne des Polizeirechts. Während dieses ursprünglich „Sicherheit und Ordnung", also geschriebenes und ungeschriebenes Recht, gegen Gefahren schützen sollte, tritt der Ordnungsgedanke dort zunehmend in den Hintergrund. Was „öffentliche Ordnung" sei, erschließe sich nicht hinlänglich rechtssicher, weswegen mehrere Polizeigesetze der deutschen Länder ihren Polizisten die Eingriffsbefugnis bei bloßen Verstößen gegen die öffentliche Ordnung entzogen haben. Parallel zu dem Richter, dem ein eigener Gedanke nicht mehr zugetraut wird, wird damit auch dem Polizisten die Möglichkeit genommen, einzelfallbezogen angemessen zu agieren. Zugleich steigt die Zahl der nötigen Gesetze. Denn grober Unfug wird von ungezogenen Menschen nach wie vor angestellt, auch wenn der Gesetzgeber die Vorschrift nun nicht mehr so nennt.

Darf es also ein bisschen mehr sein? Darf der Gesetzgeber im Interesse der Rechtssicherheit und der Rechtsklarheit, zur Schaffung größerer Verlässlichkeit im Geschäftsverkehr und zur besseren Vorhersagbarkeit gerichtlicher Entscheidungen, immer mehr und immer kleinteiligere Vorschriften erlassen und sie „Gesetz“ nennen?

Vorsicht scheint mehr als geboten. Denn nicht nur Richtern und Polizisten werden – wie gezeigt – die Möglichkeiten einer angemessenen Rechtsverwirklichung im Einzelfall zunehmend genommen. Mit jedem zusätzlichen Gesetz minimieren sich die Handlungspotentiale aller Teilnehmer an der Rechtsordnung. Während in freien und freiheitlichen Gesellschaften die Generalregel gilt: „Was nicht ausdrücklich verboten ist, das ist erlaubt“, greift in unfreien, diktatorisch regierten Ländern die Regel: „Erlaubt ist nur das, was ausdrücklich gestattet wurde.“ Die Grundregel der Bundesrepublik Deutschland zur bürgerlichen Handlungsfreiheit findet sich im zweiten Verfassungsartikel des Grundgesetzes: „Jeder hat das Recht auf die freie Entfaltung seiner Persönlichkeit, soweit er nicht die Rechte anderer verletzt und nicht gegen die verfassungsmäßige Ordnung oder das Sittengesetz verstößt.“ Sehr viel eingegrenzter waren im direkten Vergleich hierzu die Lebenschancen der DDR-Bürger nach ihrer bis 1990 geltenden Verfassung, die in Artikel 19 klarstellte: „Frei von Ausbeutung, Unterdrückung und wirtschaftlicher Abhängigkeit hat jeder Bürger gleiche Rechte und vielfältige Möglichkeiten, seine Fähigkeiten in vollem Umfang zu entwickeln und seine Kräfte aus freiem Entschluss zum Wohle der Gesellschaft und zu seinem eigenen Nutzen in der sozialistischen Gemeinschaft ungehindert zu entfalten. So verwirklicht er Freiheit und Würde seiner Persönlichkeit. Die Beziehungen der Bürger werden durch gegenseitige Achtung und Hilfe, durch die Grundsätze sozialistischer Moral geprägt.“ Anstelle prinzipiell unbegrenzter Möglichkeiten standen den Bürgern hier also nur „vielfältige“ zur Wahl. Und die staatliche Behinderung ihrer individuellen Lebensräume begann dort, wo der Kontext einer sozialistischen Gemeinschaft oder die Grundsätze einer sozialistischen Moral überschritten schienen. In Verfassungstexten wie diesen ist der Gedanke des Rechts durch die definitorischen Befugnisse der Gesetzgeber tatsächlich vollends verdrängt. Dass, wie schon gesagt, nicht einmal mehr staatliche Richter die Gesetze der DDR auf ihre Verfassungsmäßigkeit prüfen durften, fügt sich in dieses Bild. Der Gesetzgeber ergreift in solchen Staatsgebilden die Definitions- und Regelungsmacht absolut.

Neben die Eingrenzung der individuellen Handlungsmöglichkeiten im Recht und neben die Entmachtung der Gesellschaft als gemeinschaftlichem Normgeber tritt jedoch zunehmend das Element der faktisch undemokratischen Gesetzgebung durch immer kleinere Zirkel der Macht. Hochspezialisierte Kleingruppen von Formulierungsexperten gestalten Gesetze, die anschließend in irgend definierten Gesetzgebungsverfahren erlassen werden und in Kraft treten. Von da an gelten sie als Recht für jedermann. Je kleiner aber die Gruppe der Gesetzesdesigner ist und je größer ihr Machtanspruch, desto umfassender ist die Korruptionsgefahr und desto undemokratischer geraten die Regeln, nach denen alle zu leben haben.

Darf es also auf dem Gebiet der Gesetzgebung ein bisschen mehr sein? Oder hat es hier ein deutliches bisschen weniger zu sein? Wo das Gesetz nicht mehr mit der Überzeugung seiner Bürger übereinstimmt, dort verlieren sie die Bereitschaft, dem Gesetzesbefehl noch als etwas Verbindlichem zu gehorchen. Die freiwillige Regelbefolgung im Allgemeinen schwindet zusehends. Gesetzmäßiges Verhalten muss immer kleinteiliger und – im Laufe der Zeit mit immer mehr faktischem Durchsetzungszwang – herbeigeführt werden. Die Kräfte des Staates erschöpfen sich dabei unvermeidlich. Der Geist der Gesetze stirbt. Ihre Regeln verkommen zu totem Recht. Von einem gewissen Zeitpunkt an tut jeder, was ihm beliebt. Denn er kann mit guter Aussicht auf Erfolg darauf bauen, mit seinem Regelverstoß unentdeckt zu bleiben. Andere sehen es, sind zunächst empört, tun es dann bald ebenso. Die Ordnung zerfällt. Polizisten und Gerichte werden zu selbst unverantwortlichen Vollstreckern fremder Anordnungen. Angemessenheits- und Billigkeitserwägungen haben keinen Platz mehr. Sittlich gutes Verhalten nach übergeordneten Normen wird unmöglich unter dem anonymen Großbefehl der fernen, alles regelnden und bestimmenden Macht. Diese, umgekehrt, blickt auf das wachsende Chaos und glaubt, diesem nur mit noch mehr eigenen Anordnungen wieder Herr werden zu können.

In Artikel 352 des Vertrages über die Arbeitsweise der Europäischen Union heißt es: „Erscheint ein Tätigwerden der Union im Rahmen der in den Verträgen festgelegten Politikbereiche erforderlich, um eines der Ziele der Verträge zu verwirklichen, und sind in den Verträgen die hierfür erforderlichen Befugnisse nicht vorgesehen, so erlässt der Rat einstimmig auf Vorschlag der Kommission und nach Zustimmung des Europäischen Parlaments die geeigneten Vorschriften.“ Diese Art von Machtanmaßung hat nichts mehr von der restlichen Höflichkeit, dem Maßhalten oder Um-Erlaubnis-Fragen einer ruppigen Metzgerin. Diese Kompetenzanmaßung verlässt den Rahmen des akzeptablen Rechts. Von ihr darf es nicht mehr geben. Von ihr muss es weniger geben. Sehr viel weniger. Gar nichts.

V. Gesetzgebungsmacht: Die Versuchung, über das Unverfügbare zu verfügen

I. Einleitung

Der Ausgangspunkt aller nachfolgenden Überlegungen ist wesentlich dieser: Eine jede (natürliche oder juristische) Person, die in der Lage ist, nicht nur für sich selbst, sondern auch für andere Menschen Regeln setzen zu können, steht unausweichlich in der Versuchung, ihre Regelungsmacht – gewollt oder ungewollt, bewusst oder unbewusst, in guter oder schlechter Absicht – zu überdehnen. Wird aber die Macht, einen bestimmten Gegenstand regeln zu können, über das Maß des Vernünftigen hinaus genutzt (um nicht zu sagen: missbraucht), dann drohen allen Beteiligten daraus nachteilige Konsequenzen: Die Regelunterworfenen werden der schlechten Regel nicht freiwillig folgen; die zu regelnde Lage verschlechtert sich gegenüber dem Zustand, in dem sie sich befand, bevor sie geregelt wurde, noch weiter; der Regelgeber verliert sein Ansehen, verbindlich Regeln setzen zu dürfen; zuletzt stehen alle Beteiligten vor der Aufgabe, nicht nur die (ihnen allen vielleicht unterdessen vollständig entglittene) regelungsbedürftige Materie neu ordnen zu müssen, sondern auch vor der weitaus umfassenderen Notwendigkeit, die Person des künftigen Regelsetzers neu zu bestimmen.

Unter der Annahme, dass alles menschliche Leben in gesellschaftlichen Kontexten gewisser Regeln bedarf, um die ge-

genseitigen Erwartungen aneinander befriedend zu stabilisieren, erscheint die Untersuchung der Frage sinnvoll, über welche Regelungsinhalte ein Regelgeber überhaupt tatsächlich sinnvoll (das heißt auf lange Sicht wirksam) verfügen kann.

Die Erörterung dieser Thematik samt aller ihrer Vorfragen setzt allerdings zunächst eine Verständigung über die verwendeten Begriffe voraus, um sicherzustellen, dass die erarbeiteten Kerngedanken auch allerorts in den zutreffenden Kontext gestellt sind. Dies gilt insbesondere in Anbetracht der Tatsache, dass ausgerechnet im Bereich öffentlich breiter diskutierter Rechtstheorie das wirklich begrifflich Gemeinte gerne verunklart wird, um die dadurch geschaffenen Unübersichtlichkeiten dann gegenüber einem verwirrten Publikum machtstrategisch zum eigenen Vorteil zu nutzen.

II. Hauptteil

1.) Die formale Struktur von Regeln

Jedwede Regel lässt sich – sonst wäre sie keine Regel – in formaler Hinsicht zunächst auf zwei übereinstimmende Strukturmerkmale zurückführen.

a.) Wenn und Dann

Zuerst liegt jeder Regel eine simple Wenn-dann-Struktur zugrunde. Es macht keinen Unterschied, ob die betreffende Regel beispielsweise als förmliches Strafgesetz anordnet: „Wenn Mord, dann Gefängnis“; ob sie als zivilrechtliche Regel bestimmt: „Wenn Kaufvertrag, dann Kaufpreiszahlungspflicht“; ob eine Hausordnung lautet: „Wenn später als 18 Uhr, dann kein Fußballspielen mehr im Hof“; oder ob die reine Anstandsregel besagt: „Wenn vier Uhr morgens, dann (noch) kein Telefonanruf, um zum Geburtstag zu gratulieren“. Immer liegt das Wesentliche der Regelgeltung insoweit genau darin, an gewisse Wenn-Voraussetzungen bestimmte Dann-Konsequenzen zu knüpfen.

Juristen bezeichnen die Voraussetzungsseite des „Wenn“ als Tatbestand und die Konsequenzenseite des „Dann“ als Rechtsfolge. Der Tatbestand stellt mithin die Bestandsaufnahme dessen dar, was – abstrakt beschrieben – den wesentlichen Inhalt des menschlichen Tuns darstellt, an das dann eine bestimmte, von der Regel definierte Folge geknüpft wird.

b.) Ist und Soll

Neben dieser strukturellen Wenn-dann-Verknüpfung verbirgt sich hinter jeder Regel jedoch zugleich auch eine Beschreibung von Ist- und Soll-Zuständen. Wer beispielsweise (nach der

Regel: „Wenn Sachbeschädigung, dann Entschädigungszahlung an den Geschädigten") Schadensersatz zu leisten hat, der wird für seine Verpflichtung genau einer solchen Betrachtung unterzogen. Der von ihm zu verantwortende nachteilige Ist-Zustand ist so weit mit Schadensersatzzahlungen zu kompensieren, bis der ursprüngliche Soll-Zustand der Nichtbeschädigung wieder hergestellt ist.

Die Beschreibung eines Soll-Zustandes durch den Regelgeber bedeutet daher immer auch eine bestimmte Wertentscheidung. Soll einem unverheirateten Paar ein Hotelzimmer nicht vermietet werden dürfen, dann wird der Wert des individuellen Gemeinsamkeitsbedürfnisses der unmittelbar Beteiligten von dem Regelsetzer geringer eingestuft als der damit verglichene abstrakte Wert der gesellschaftlichen Familienordnung.

Die Verteidigung oder Durchsetzung bestimmter Werte auf diese normative Weise hat nicht nur einen gesellschaftlich steuernden Charakter. Denn wer weiss, dass er bei Beschädigung fremder Sachen Ersatz zu leisten hat, der wird sich solcher Handlungen enthalten und damit die geschützten Werte im Zweifel erhalten helfen. Die Beschreibung des zu verteidigenden oder zu erhaltenden Soll-Zustandes birgt für den Regelsetzer zudem immer auch die Herausforderung, abwägend bestimmen zu müssen, welche Werte nach seiner Auffassung allesamt schutzwürdig sind und in welchem Rangverhältnis mehrere Werte zueinander stehen.

Die Festlegung derartiger Werte und ihrer relativen Stellung zueinander kann – je nach historischem und gesellschaftlichem Kontext – bisweilen zu schier unlösbaren Problemen führen. So wirft etwa die Vermietung eines Doppelzimmers in einem Hotel an zwei gleichgeschlechtliche Personen (a.) in San Francisco im Jahre 1955 oder (b.) 60 Jahre später in Riad völlig andere Fragen auf als eine entsprechende Situation mit Personen unterschiedlichen Geschlechts (c.) im Jahre 1940 in Berlin oder (d.) anno 1995 in Amsterdam. Oder anders gefragt: Wird ein Kölner Hotelier im Jahr 2025 noch ein Hotelzimmer an zwei Männer vermieten dürfen, wenn die beiden nicht verheiratet beziehungsweise verpartnert sind?

In dem gleichen Maße, in dem sich gesellschaftliche Werte und Wertvorstellungen wandeln, ändern sich notgedrungen auch die von einem Regelgeber zu beschreibenden Ist- und Soll-Zustände, auf deren gedanklicher Basis er seine Wenn-dann-Konstruktionen formuliert. Dies gilt jedenfalls dann, wenn dieser Regelgeber „mit der Zeit gehen“ will und die sich wandelnden gesellschaftlichen Anschauungen in seinen Regelwerken normativ umsetzen möchte. Will er gewisse Wertewandlungen nicht selbst auch regelgebend nachvollziehen, dann muss er gegensteuern. Auch dies aber setzt unausweichlich voraus, dass er mit seinen normativen Wenn-dann-Anordnungen an den faktisch vorgefundenen Ist-Zuständen der Welt anknüpft.

2.) Empirische Erscheinungsformen von Regeln

Die vorstehend gewählten Beispiele zeigen: Regeln als Wenn-dann-Konstruktionen haben notwendigerweise an den faktischen Gegebenheiten der Realität anzuknüpfen. Denn der normative Befehl, ein gewisses „Dann" wirklich werden zu lassen, kann überhaupt nur in die Realität umgesetzt werden, wenn der Regeladressat durch eine definitive Beschreibung des „Wenn" auf der Voraussetzungsseite weiß, zu einer gewissen regelbefolgenden Handlung aufgefordert zu sein. Der Satz „Wenn Müller XXX erreicht, dann hat Meyer ihm 100 US-Dollar zu zahlen" ist mangels klaren beziehungsweise vollständigen Tatbestandes schon rein formal keine wirksame Regel. Dieses eigenwillige Zusammenspiel zwischen gegebener Realität und angeordneter Regelfolge nötigt zu den weiteren Fragen: Welche Regeln gibt es überhaupt, und wer setzt sie?

a.) Sitten, Recht und Gesetz

Bei genauer Betrachtung der verschiedenen Erscheinungsformen von Regeln wird bald deutlich, dass sie in einer qualitativ schier unvorstellbaren Zahl unterschiedlicher Gestalten existieren. Von der einfachen Tischsitte bis hin zur strafrechtlichen Norm spannt sich ein weiter Bogen von Regeln quer durch das gesamte gesellschaftliche Leben. Es wäre auch falsch, anzunehmen, bloße Anstandsregeln blieben in ihrer Bedeutsamkeit für den Einzelnen generell hinter gewichtigen Strafgesetzen zurück. Wird beispielsweise ein Student wegen (strafrechtlich relevanter) Beleidigung zu einer Geldstrafe in Höhe eines monatlichen Taschengeldes verurteilt, so wird ihn diese Sanktion im Zweifel weniger hart treffen als die Ächtung in seinem Freundes- oder Familienkreis, weil er irgendeinem Menschen zu dessen Geburtstag nicht (oder zur Unzeit) gratuliert hat.

Auch Berufsgruppen haben ihre spezifischen Verhaltensregeln, an die sich alle Berufsträger mit Ernst zu halten haben, wollen sie nicht den Unwillen ihrer Kollegen provozieren. Derartige Regeln wachsen üblicherweise über die Zeit auf Basis von konkreten Erfahrungen und verfestigen sich im Konsens aller Beteiligten. Veralten Regeln, weil sie durch Zeitablauf gegenstandslos werden, oder geraten sie aus dem Blick, weil beispielsweise der technische Fortschritt sie obsolet macht, kommen sie irgendwann vollends in Vergessenheit. Die Rechtstheorie bezeichnet diesen Zustand dann als „totes Recht". Brauchtümer, Traditionen, gewisse Übungen, eine bestimmte gute Praxis oder schlichte Konventionen entstehen und wachsen somit im ausdrücklichen oder gelebten Einvernehmen unter allen, die an dem betreffenden Lebensbereich beteiligt sind. In gleicher Weise werden sie dann auch wieder modifiziert oder abgeschafft: Weil die Betroffenen selbst es so wollen.

In der europäischen Rechtstradition wird man richtigerweise davon ausgehen dürfen, dass sich über bloße Verhaltensrichtlinien hinaus auch das Recht selbst in eben dieser Weise entwickelt hat. Gemeinsame Anschauungen aller Rechtsgenossen haben über die Zeit durch praktische Übung Werte und Überzeugungen wachsen lassen, die dann – Stück für Stück, immer konkreter und immer genauer – zu Regeln formuliert wurden. Insbesondere zeitgenössisch gesellschaftlich anerkannte römische Juristen begannen, diese Regeln dann mehr und mehr aphoristisch niederzuschreiben, sie zu ordnen und zu sammeln. So konnten sie, im konkreten Streitfall gehört, Hilfe bei der Entscheidung rechtlicher Konflikte leisten.

Man wird daher sicher auch nicht fehlgehen mit der Auffassung, dass der Übergang von unverbindlichen gesellschaftlichen zu verbindlichen rechtlichen Regeln faktisch zunächst ein fließender gewesen ist. Bloße Anstandsregeln und freundliche Praxisüblichkeiten im zwischenmenschlichen Leben verdichteten und verfestigten sich immer weiter zu schließlich rechtlich relevanten und damit verbindlichen Erwartungshaltungen. Aus ungeschriebenen Rechtsregeln wurden systematisierte Regelwerke, auf die derjenige zurückgreifen konnte, der sich im Einklang mit allgemein akzeptierten und anerkannten Regeln verhalten wollte.

Für Deutschland markiert das Ende des 19. Jahrhunderts eine sicher wesentliche rechtspraktische Zäsur: Im Rahmen der deutschen Staatswerdung nach der Reichsgründung von 1871 wurden wesentliche, bis dahin verstreut geltende Rechtsregeln des Zivil- und Strafrechts erstmals vereinheitlicht und kodifiziert. Mit dem Bürgerlichen Gesetzbuch (BGB), das am 1. Januar 1900 in Kraft trat, ließ sich nun für alle Rechtsanwender auf ein auch förmlich für das ganze Reich (im parlamentarischen Verfahren) verabschiedetes Gesetz zurückgreifen. Inhaltlich wiederholte dieses Gesetz indes im wesentlichen „nur" das, was zuvor bereits ohnehin an Regeln gegolten hatte: das anerkannte und gewachsene, allgemein für richtig gehaltene und akzeptierte Zivilrecht.

Indem beinahe zeitgleich auch die Zivilprozessordnung (mit der zugehörigen Regelung der Gerichtsverfassung) als förmlich einheitliches Gesetz geschaffen worden war, erwuchs allen Rechtsunterworfenen darüber hinaus die Möglichkeit, sich auf eine weitere akzeptierbare Rechtsquelle bei ihrer Suche nach der einschlägigen und zutreffenden Regel zu berufen: die höchstrichterliche Rechtsprechung des Reichsgerichts. Was bei der Auslegung des Rechts und der zusätzlichen staatlichen Gesetze unklar blieb, sollte nun durch dieses Organ rechtstatsächlich Klärung erfahren können.

Im Zusammenwirken mit der Vertragsfreiheit für jedermann war damit ein System des Rechts für eine schon damals äußerst fortschrittliche und dynamische Gesellschaft geschaffen, das alle Lebensverhältnisse äußerst kleinteilig und detailliert regelnd erfassen konnte. Was nicht bereits durch geschriebene oder ungeschriebene Rechtsregel bestimmt, durch Gesetz geordnet oder durch Rechtsprechung ausdiskutiert war, konnte nun durch verbindlichen Einzelvertrag detailliert geregelt werden. Die Beobachtung des rechtstatsächlichen Lebens durch den Gesetzgeber eröffnete diesem kontinuierlich die Möglichkeit, neu auftretende Rechtsprobleme von größerer Bedeutsamkeit zu erkennen und nötigenfalls einer gesetzlichen Regel zuzuführen. Marginalien konnten ungeregelt bleiben. Was im Einzelfalle zu Streit führte und bis dahin noch ungeregelt geblieben war, konnte – und dies ist vielleicht das zentrale systematische Scharnier zwischen gesellschaftlicher Dynamik und bereits gesetzlich geregelter Materie – über die „Königsnormen" des Bürgerlichen Gesetzbuches rechtsprechend in die konkrete Konfliktlösung Eingang finden.

Der förmliche Gesetzgeber hatte nämlich beispielsweise das Sittengesetz (Paragraphen 138, 826 BGB), die Verkehrssitte (Paragraph 157 BGB), Treu und Glauben (Paragraph 242 BGB) und – im Handelsrecht – geltende Gewohnheiten und Gebräuche (Paragraph 346 HGB) ausdrücklich zur auch rechtlich verbindlichen Regel gemacht. Dies stellte in der Sache eine dynamische Verweisung auf außergesetzliche Normenwerke dar. Änderte sich die allgemeine Anschauung der Gesellschaft zu bestimmten Werten und Fragen, dann änderte sich damit notwendigerweise auch das Gesetz. Der zur Streitentscheidung berufene Richter konnte nun in jedem Einzelfall die förmlich geschriebene Gesetzesregel mit eigenen Beobachtungen und Erwägungen über die aktuell allgemeine gesellschaftliche Anschauung modifizieren.

b.) Die Frage nach dem Regelsetzer

Warum nun erscheint es gerechtfertigt, dieses besondere Zusammenspiel zwischen förmlichem Gesetzesrecht und gesellschaftlicher Anschauung als das zentrale systematische Regelungsscharnier zwischen gesellschaftlicher Dynamik einerseits und gesetzlich geregelter Materie andererseits zu bezeichnen? Weil es die Person des Regelsetzers maßgebend modifiziert!

Der maßgebende zivilrechtliche Regelsetzer in der deutschen Republik nach dem 1. Januar 1900 war nach dieser Konstruktion idealtypisch nicht nur – kommunikationstechnisch verengt – das zum Regelsetzungszeitpunkt gerade zuständige Plenum des handelnden, demokratisch repräsentativ gewählten Parlaments. Maßgebender Regelsetzer blieb mit dieser Konstruktion vielmehr (auch) wieder, wie ehedem, die nicht bloß repräsentierte, sondern tatsächlich konkret präsente Vielzahl derjenigen Menschen, die auch tatsächlich unter genau denjenigen Rechtsregeln lebten, über deren Geltung sie sich untereinander zuvor einvernehmlich geeinigt hatten.

Die Gesamtheit aller Rechtsgenossen, die mit und unter den Regelungen des Rechts tagtäglich zu handeln hatte, setzte sich diese Regeln in einem kontinuierlichen Diskussions-, Erprobungs- und Entdeckungsverfahren faktisch selbst. Bestehen konnte unter dieser Konstruktion auf Dauer nur diejenige Regel, die auch tatsächlich allgemein akzeptiert und anerkannt wurde. Nicht ohne Grund spricht die Rechtstheorie bis heute von dem maßgebenden „Rechtsempfinden“ bei der juristischen Entscheidungsfindung: Recht zu akzeptieren bedeutet ganz wesentlich auch, es emotional als richtig hinzunehmen. Inakzeptables und Überholtes wurde ausgesondert, neue Herausforderungen wurden demgegenüber modifizierend einbezogen. Ein nicht (mehr) akzeptiertes förmliches Gesetz musste (und durfte) von den Gerichten nicht als entscheidungsrelevant berücksichtigt werden. Sitte und tägliche Übung konnten – am Parlament vorbei – die Rechtslage ändern.

Die Gesellschaft selbst war damit als anerkennender (oder eben auch nicht anerkennender) Regulierungsmarkt für Rechtsregeln förmlich etabliert. Im Dialog und in praktischer alltäglicher Übung unter allen denjenigen Individuen, die von dem jeweiligen Recht je selbst und unmittelbar betroffen waren, wuchsen und vergingen Regeln. Damit war rechtsorganisatorisch ein sich selbst steuernder Organismus für eine tatsächlich dezentral handelnde res publica geschaffen. Wie auf einem ungestörten gesunden Markt, der die aggregierten rechtlichen und außerrechtlichen Wertentscheidungen seiner Mitglieder als seinen tatsächlich vorgegebenen Rahmen respektiert und der zugleich die ungezählten individuellen Willensentscheidungen seiner Teilnehmer innerhalb dieses Rahmens akzeptiert und im Ergebnis kumuliert, vermochte sich auch das gesamte Recht als Regelungsmaterie unter solchen Bedingungen gleichermaßen dynamisch wie aktuell realitätsbezogen entwickeln.

Im Gegensatz zu dieser Art der dezentral-flexiblen Regelwerdung schafft der demokratisch verfasste Gesetzesstaat mit seinem weithin angemaßten Monopol der Gesetzgebung qua Parlament kein schon vorab allgemein akzeptiertes Recht. Denn hier geschieht die Regelwerdung nicht gleichsam induktiv „von unten nach oben“, das heißt aus der Mitte des Volkes zum regelformulierenden und regelpublizierenden Gesetzgeber, sondern völlig umgekehrt deduktiv „von oben nach unten“, vom Normgeber herab zum Volk. Die faktische Akzeptanz für neues Recht innerhalb der Bevölkerung muss in dieser Regelwerdungskonzeption in aller Regel erst noch geschaffen werden. Gesetze werden hier „durchgedrückt“ und legislative Anforderungen an die Basis „durchgestellt“.

An die Stelle einer Selbstregulierung der res publica tritt die Fremdregulierung durch ein – per punktueller Wahlentscheidungen allenfalls noch homöopathisch legitimiertes – zentral-monistisches Gesetzgebungsgremium. Die lebendigen Unbestimmtheiten des Sittengesetzes und die diversifizierenden Unklarheiten der regional oder soziologisch unterschiedlichen Gewohnheit werden hier mehr und mehr durch generalisierende Übernormierungen ersetzt. Der Richter bleibt nicht mehr ermächtigt, im Falle einer Regelungslücke oder eines (auch von ihm selbst) als unbillig empfundenen Ergebnisses der formalen Subsumtion selber nach Sitten und Gebräuchen, Gewohnheiten und akzeptierten Üblichkeiten empirisch zu forschen und – hierauf basierend – dann die von ihm selbst und eigenverantwortlich formulierte Rechtsregel im Einzelfall angemessen anzuwenden.

Im Gegenteil werden dem Richter stattdessen schon von dem staatlichen Gesetzgeber höchstpersönlich für jede Gattung, Art und Unterart von Konfliktsituation, für jedes Semidetail eines möglichen Sachverhalts und für jede graduell unterschiedliche Lebensvariante durch feingliedrigste Normen, Gegennormen, Ausnahmeregeln und Gegenausnahmen detailliert die rechtserkennenden Hände gebunden, auf dass er zwischen allen positiv niedergeschriebenen Gesetzesregeln ein politisch genehmes Ergebnis verkünden müsse; dass dieses dann faktisch von den Rechtsadressaten ein im Ergebnis schon nicht mehr akzeptiertes Recht gestaltet, bleibt zunehmend unbeachtet. Übertragen auf die Vorstellungswelt eines Schweizer Juristen ließe sich formulieren: Ein Richter soll erst gar nicht in die Lage kommen, eine Gesetzeslücke im Sinne des Artikels 1 Absatz 2 ZGB zu entdecken, die er dann normativ selbst so zu füllen hätte, wie er es als Gesetzgeber getan haben würde.

Als das letzte Spielfeld der unmittelbaren Anhörung einer Bevölkerung zu deren eigenem Empfinden in rechtlichen Angemessenheits- und Gerechtigkeitsfragen fungiert in diesem Konzept praktisch nur noch der für die Massen medial inszenierte, punktgenaue und unüberhörbare Skandal. Wer es vermag, die allgemeine Auffassung der Bevölkerung mit ihren Akzeptanzbereitschaften gezielt in die gewünschte Szene zu setzen, der kann „politischen Handlungsbedarf“ für Gesetzgeberhandeln provozieren und so eine neue förmliche Regel durch den parlamentarischen Gesetzwerdungsprozess erwirken.

Da der zeitliche Rahmen für derartige Skandalisierungen äußerst kurz ist, der erzeugte Druck hingegen zu seiner Effektivität ein mediales Maximum braucht, dringen auf diesem Spielfeld faktisch nur noch die absurdesten „freak cases“ zum nötigen gesetzgeberischen Impetus durch. Die sanften und im Vergleich geradezu gewaltlosen Zwischentöne eines millionenfach dezentralen „trial and error“ bei der schwarmintelligenten Suche nach der besten Regel innerhalb einer Gesamtbevölkerung bleiben inzwischen gänzlich ungehört.

Im Ergebnis dieser Prozessabläufe zur Rechtswerdung entsteht ein system- und prinzipienloses Regelgewirr aus faktisch weithin unakzeptierten, überdetaillierten und thematisch geradezu übergrellen Normkonstrukten. Das gelebte (beziehungsweise zu lebende) und das als richtig empfundene (aber nicht lebbare) Recht entfernen sich immer weiter voneinander.

Dennoch imponiert die zentrale Normgebung durch einen förmlichen Gesetzgeber heute geradezu unangefochten. Die bloße Existenz von Gewohnheitsrecht wird als eine Art Bedrohung empfunden, weil sie doch unklar und längst überholt sei; Bestimmtheitserfordernisse zwängen, heißt es, zur allgegenwärtig ausformulierten Norm. Die Polizeigesetze der deutschen Bundesländer haben die Verteidigung von „Sicherheit und Ordnung“ weithin ersetzt durch die bloße Sicherstellung von Sicherheit, weil das, was „Ordnung“ sei, nicht mehr klar und deutlich genug sei, um justitiabel zu sein.

Weil sie in den hektischen Zeiten der postindustriellen Massengesellschaft mit ihren ultrakurzen gemeinschaftlichen Aufmerksamkeitsspannen gegenüber der organischen, chaotischen, bisweilen widersprüchlichen, lebendigen, unsystematischen und also vergleichsweise trägen Regelfindung die handhabungstechnisch attraktivere zu sein scheint, verdrängt die formale Gesetzesregel mehr und mehr das konsensual wachsende gesellschaftliche Recht.

Bitter daran ist, dass der diesem Recht unterworfene Massenbürger faktisch keinerlei ernsthafte eigene Möglichkeit mehr hat, einem qualitativ entgleisenden Gesetzesrecht zu entkommen. In Ermangelung eines gemeinsamen dialogischen Forums zur Normendiskussion bleibt der eigentliche Rechtsadressat in der Massendemokratie faktisch ungehört und einflusslos. Weil sich nicht mehr alle Bürger einer Rechtsgemeinschaft zum gemeinsamen Einanderzuhören unter einer einzigen Eiche versammeln können, entfernen sich Gesetzgeber und Gesetzesunterworfene in ihren Erlebenshorizonten somit mehr und mehr voneinander. Eine marktgesellschaftliche Qualitätskontrolle der erlassenen Gesetze findet nicht mehr statt. Damit nicht genug: Die unausweichliche Finanzierung dieses sich allenfalls noch selbst regulierenden Gesetzgebungsbetriebes erfolgt durch den Steuerzahler. Der aber hat – unter der staatlichen Androhung strafrechtlicher Konsequenzen für den Fall seiner Steuernichtzahlung – nicht einmal die Chance, schlechte Gesetze durch einen boykottierenden eigenen Bezahlungsstopp abzuschaffen. Der Regulierungsmarkt durch Preissignale ist in diesem Lebenssegment der Bürger zur Gänze ausgeschaltet.

3.) Die Durchsetzbarkeit von Regeln

Üblicherweise werden Gesetzes- und Rechtsregeln von bloßen Sittengesetzen und Moralkodizes definitorisch dadurch unterschieden, dass man der juristischen Regel das Merkmal der zwangsweisen Durchsetzbarkeit und Erzwingbarkeit beiordnet. Die Gefahr für das Verständnis der Geltung von Regeln liegt bei diesem Definitionsansatz aber darin, dass ethische Überzeugungen einer Gemeinschaft leicht als nur unverbindlich missverstanden werden.

Wer außerrechtliche Normen in diesem Sinne für nur beliebig hält, der verkennt jedoch ihre Macht und Bedeutung für die Gestaltung gesellschaftlicher Abläufe. Einhundert Polizisten mögen einen einzelnen Gesetzesbrecher fangen und unter ihre Gewalt zwingen können; gegen den Unwillen von einer Million Bürger vermögen sie auch mit allen Mitteln des polizeilichen Zwangs auf Dauer nichts auszurichten. Genau hier ist der rechtstheoretische Ort für den bekannten Satz, dass die Feder mächtiger sei als das Schwert. Gegen die Gewalt einer massenhaften Überzeugung in einer Bevölkerung lässt sich auf Dauer auch mit keinem förmlichen Gesetz wirksam anregieren. Wenn und soweit die Feder der Vordenker diese Überzeugungen aller berührt und gestaltet, dann und dort kann ein Gesetz nichts (mehr) bewirken. Diejenigen Staaten, die sich für modern erklären, haben diesen Mechanismus natürlich erkannt und betreiben ihr gezieltes Akzeptanzmanagement. Doch auch dieses findet seine Grenze in den Trägheiten der allgemeinen Überzeugungsbildung. Das faktische Akzeptanzverhalten und die millionenfach gebildeten Anschauungen des täglichen Lebens errichten dem förmlichen Gesetzgeber auch ohne formale Gegendurchsetzungsmacht und förmlich legitimierte Erzwingungskompetenz Hürden für sein Tun. Mehr noch: Übersteuert der Gesetzgeber sein legislatives Handeln mit psychologischem Druck gegen die allgemeinen Überzeugungen, übertreibt er es, seine Bürger „stubsen“ zu wollen, dann droht ihm Reaktanz.

Ein besonders deutliches Beispiel für diese Wechselwirkungen findet sich in der – für das ursprüngliche BGB des Jahres 1900 ganz selbstverständlichen – Frage nach der Vertragsabschlussfreiheit. Dem klassischen Zivilrecht ist es (von radikalen Ausnahmen wie der Not oder gewisser Monopollagen abgesehen) selbstverständlich, dass jeder Rechtsgenosse frei darüber entscheiden kann, ob er mit einem anderen in eine rechtliche Beziehung (zum Beispiel in einen Vertrag) eintreten möchte oder nicht. Die außerrechtliche Vorentscheidung, einen anderen zu mögen oder nicht zu mögen, sich ihm verbunden zu fühlen oder nicht, ihm nahe sein zu wollen oder nicht, entscheidet über den gemeinsamen Eintritt in ein Rechtsverhältnis.

Kontrahierungsfreiheit in diesem Sinne gestaltet damit schon im außerrechtlichen Bereich gesellschaftliche Kontexte. Geschlechter und Religionen verbinden sich oder verbinden sich nicht. Gemeinsame Interessen vereinigen sich, und unterschiedliche grenzen sich ab. Abschlussfreiheit generiert auf diese Weise vielgestaltige, bunte, friedliche Lebensverhältnisse. Sie ermöglicht Nähe, wo Nähe gewünscht wird, und sie schafft die Chance, einander aus dem Weg zu gehen, wo Gemeinsamkeit von den Beteiligten aus ihren tiefen Herzen – ganz dezentral – nicht gewollt ist.

Zwingt ein Gesetzgeber seine Gesetzesunterworfenen stattdessen mit sogenannten Antidiskriminierungsregeln zu verbindlichen rechtlichen Näheverhältnissen, die sie in diesem Sinne von tiefem Herzen – und sei es auch nur einseitig – ablehnen, dann provoziert er durch diese Art der Beschneidung von vertraglicher Abschlussfreiheit mittelbar gesellschaftlichen Unfrieden. Denn die gesetzlich zwangsweise eliminierte Alternative gewinnt – im Trotz der Reaktanz – eine emotionale Bedeutung für die Beteiligten, die sie zuvor nicht näherungsweise hatte. Der nur scheinbar unverbindliche, gemeinsame Widerstand der

Bevölkerung lässt auf Dauer eine unsichtbare, aber legislativ schließlich unüberwindbare Wand entstehen.

4.) Die Verfügungsbefugnis des Regelsetzers

Indem damit die Zusammenhänge zwischen einerseits den faktisch-formalen Gesetzgebungsmöglichkeiten und andererseits dem Rechtsempfinden innerhalb einer Gemeinschaft an Konturen gewonnen haben, wird nun deutlich, dass die eigentliche Verfügungsbefugnis eines Regelsetzers selbst der näheren Betrachtung bedarf.

Eine fruchtbare Annäherungsmöglichkeit an dieses Thema bietet nochmals die genauere Betrachtung der Begrifflichkeiten im Wortfeld „Rechtsordnung“: Anders als die englische Sprache, die mit ihrem einheitlichen Wort vom „law“ nicht sogleich den Unterschied zwischen Recht und Gesetz deutlich macht, differenziert das Lateinische sehr klar zwischen „ius“ und „lex“. „Ius“ bezeichnet dabei nicht nur das deutsche „Recht“ im Sinne eines individuell-subjektiven Anspruchs auf einen Gegenstand. „Ius“ beschreibt vielmehr die gesamte objektive Ordnung des Rechts. „Lex“ meint demgegenüber (nur) das von Menschen bewusst niedergeschriebene, konstruierte, positive Gesetz. „Lex“ kann also von ausgewählten „lawmakern“ hergestellt werden, mit dem „ius“ gelingt dies nie. Denn „ius“ wächst organisch in einer Gesamtgesellschaft, mit allen seinen inhaltlichen Randbereichsunschärfen zwischen noch „nur“ gesellschaftlicher Bedeutung und schon verdichtet rechtlicher Bedeutung.

Auch der Kerngedanke von „Gerechtigkeit“ lässt sich über einen solchen sprachlichen Ansatz durchaus präzise erfassen. Die Spracheinheit „Ge-“ (von Linguisten „Morphem“ genannt) bezeichnet im Deutschen stets eine Vielzahl von etwas: Ein „Gemäuer“ beispielsweise ist eine Vielzahl von Mauern, mehrere Berge werden zu einem „Gebirge“ und das gleichzeitige Bestehen von Rechten, die in einem geordnet-systematischen

Einklang miteinander stehen, schafft eben diesen Zustand der sogenannten „Gerechtigkeit“.

Wer – um auf dieser sprachlichen Ebene zu verbleiben – etwas mit „Fug und Recht“ für sich reklamiert, der hält damit die gute und angemessene Balance zwischen einerseits der Berufung auf ein eigenes Recht und andererseits der zugleich rücksichtnehmenden Einsicht, sich mit seinen eigenen Vorstellungen anderen, namentlich deren Rechten, zu fügen. Wenn man „befugt“ ist, gewisse Rechte auszuüben, dann hat man die Macht und Kompetenz, andere in die Schranken zu weisen. Was mir „verfügbar“ ist, darüber habe ich das Recht. Und wer schließlich die „Verfügungsbefugnis“ besitzt, der ist offenbar doppelt legitimiert: Er hat die Berechtigung, über etwas zu bestimmen, und er ist der legitim Bestimmende.

Die wohl grundlegendste Variante der Verfügungsbefugnis findet sich in der Gestalt des Eigentumsrechts. Der Eigentümer ist über sein Eigentum verfügungsbefugt. Die Grenzen seiner Verfügungsbefugnis werden durch die Rechte anderer, also durch die Verfügungsbefugnisse der Mitmenschen, markiert. Der jeweilige Kern dessen, wozu das Eigentumsrecht als solches berechtigt, wird ursprünglich durch die konsensuale Akzeptanz aller Rechtsgenossen gestaltet.

Nichts anderes gilt für die Verfügungsbefugnis über den eigenen Körper. Auch diese gilt zunächst prinzipiell uneingeschränkt. Erst in Fällen wie dem des Freitodes oder – minder schwer – einer zweifelhaften Einwilligung in Körperverletzungen werden die Grenzen der Verfügungsbefugnis diskutiert. Bezeichnenderweise schränkt die deutsche Strafvorschrift des Paragraphen 228 StGB die Rechtswirksamkeit der Einwilligung in eine Körperverletzung genau dann ein, wenn diese „gegen die guten Sitten verstößt“. Auch hier also ist das Gesetzesrecht wieder ausdrücklich in einen außerrechtlichen Akzeptanzrahmen eingebunden.

Schließlich darf auch kein Mensch über seine eigene Würde verfügen. Denn diese ist – auch für ihn selbst – „unantastbar“ (Artikel 1 des deutschen Grundgesetzes). Zum Kernbereich der

Menschenwürde gehört, dass er nicht zum bloßen Objekt eines naturwissenschaftlich-technischen Kausalverlaufs gemacht werden darf. Sein Wille muss (auch) mitentscheidend bleiben. Dies schließt nach Paragraph 136a der deutschen Strafprozessordnung die Einwilligung in die eigene Folter explizit aus.

Mit dieser kursorischen Darstellung von verschiedensten Handlungsverboten auch für den eigentlichen Rechteinhaber selbst zeigt sich eines deutlich: Die Verfügungsbefugnis eines Berechtigten kann nie in den Bereich des Unverfügbaren hineinreichen. Anders gesagt: Auch der Inhaber eines formalen Vollrechtes muss gewisse Einschränkungen seiner Verfügungsbefugnisse hinnehmen. Was aber ist unverfügbar?

5.) Göttliches und menschliches Recht

In der Rechtsgeschichte sind die Frage nach dem Unverfügbaren und die Frage nach dem göttlichen Recht gleichsam untrennbar miteinander verbunden. Die juristische Prüfung, ob eine Handlung als „ius“ oder als „iniuria“ zu werten sei, ob sie also als rechtmäßig oder unrechtmäßig zu gelten habe, ist eine Frage innerhalb der Kategorien des menschlichen Rechts. Ob ein Tun hingegen gottgefällig ist oder nicht, dies ist die Frage nach seiner Einordnung als „fas“ oder „nefas“. Ähnlich differenziert später in der Rechtsgeschichte die christliche Tradition zwischen „ius humanum“ und „ius divinum“. Über das Göttliche, das Unerreichbare, das Unbeherrschbare, das Schicksalhafte lässt sich menschlich nicht mehr verlässlich und steuerbar, mithin nicht mehr angemessen – und also auch nicht rechtlich wirksam – verfügen. Wer es sich dennoch anmaßt, der versucht Gott. Er handelt außerhalb der gesunden Grenzen des Menschenmöglichen: „Was Gott verbindet, das soll der Mensch nicht scheiden.“ Vielleicht gilt dieser Satz ganz eigentlich auch für Atomphysiker?

Wer Kräfte der Natur entfesselt, die er selbst menschlich nicht mehr beherrscht, wer also den Besen des Zauberlehrlings ruft, ohne ihn auch wieder beruhigen zu können, der handelt nicht mehr im Rahmen des ihm legitim zur Verfügung Zugewiesenen. Für jeden formalen Gesetzgeber bedeutet dies: Wer Regeln in Kraft setzt, weil er dazu gerade die organisatorische Macht hat, ohne aber zu beachten, was die diesen Regeln unterworfene Rechtsgemeinschaft selbst für angemessen hält und auf Dauer zu akzeptieren bereit ist, der sprengt den Rahmen seiner gesetzgeberischen Verfügungsbefugnis. Er handelt nicht mehr rechtmäßig. Die Vorstellung, jene nötige emotionale und organisch-traditionell gewachsene Akzeptanz der Gesamtbevölkerung wirksam durch selbst formulierte gesetzliche Grundrechte mit irgend definierten Schutzbereichen und Eingriffslegitimationen bestimmen zu können, ist daher – auf lange Sicht – Anmaßung. Eine natürliche oder personell beschränkte juristische Person kann faktisch nie verbindlich vorbestimmen, was das Ergebnis eines gesellschaftlichen, marktfreien Regelfindungsprozesses sein wird. Nur eine freie res publica kann dies im suchenden Konsens langsam organisch selbst für sich wirksam ermitteln.

6.) Gesetzgebung als Geschäftsführung ohne Auftrag

Was bleibt, ist die Frage nach den Konsequenzen dieser Einsicht für einen akut und reell in Handlungsnotwendigkeiten gestellten Gesetzgeber. Das gewachsene, erprobte und bewährte Zivilrecht weist wohl einen guten und gangbaren Weg.

Juristen waren seit jeher immer wieder vor die Aufgabe gestellt, angemessene Regeln des Interessenausgleichs für solche Fälle zu finden, in denen eine Rechtsperson plötzlich für eine andere Rechtsperson handeln musste, ohne von dieser zuvor im Konsens entsprechend instruiert worden zu sein. So macht es – um konkret zu werden – ersichtlich einen Unterschied, ob sich ein Arzt und ein Patient vor einer medizinischen Behandlung über deren Inhalt verständigen können (und die Bezahlung des Arztes klären), oder ob ein kollabierender, handlungs- und geschäftsunfähiger Patient ungefragt ärztliche Hilfe erfahren muss.

Das Zivilrecht hat hier den nötigen Interessenausgleich zwischen den Aufwendungsersatzansprüchen des Helfenden und den Interessen des Hilfeempfangenden an seiner Integrität zu finden gehabt. Über die Zeit ist so das Rechtsinstitut der „Geschäftsführung ohne Auftrag“ entstanden. Der Geschäftsführer (der Arzt) muss dabei das Interesse und den wirklichen oder mutmaßlichen Willen seines Geschäftsherrn (des Patienten) beachten. Maßt sich der Arzt zu viel Hilfe für seinen handlungsunfähigen Patienten an und greift er deswegen zu sehr in dessen ureigenste Sphären ein, dann handelt er als unberechtigter Geschäftsführer und muss dem Patienten gegenüber später das Unrecht seiner zwischenzeitlichen Handlungen verantworten. Was der Geschäftsführer umgekehrt billigerweise auf die Schnelle an der Stelle seines Geschäftsherrn bewirkt hat, muss ihm angemessen entgolten werden.

Im Zentrum der Geschäftsführung ohne Auftrag steht daher stets die Mutmaßung des Geschäftsführers darüber, was der Geschäftsherr gewollt haben würde, hätte man ihn zuvor zu seinem Interesse und Willen fragen können.

Nicht anders ist wohl das Interessengeflecht zwischen einem Gesetzgeber und den Gesetzesunterworfenen in einer Massengesellschaft zu deuten: Der mutmaßliche Wille aller an einer akzeptierbaren Rechtsordnung und ihr Interesse an der Herstellung eines akzeptablen Rechts für alle markiert die Grenzen legitimer gesetzgeberischer Verfügungsbefugnis. Ein Gesetzgeber, der der Versuchung nicht widersteht, seine faktischen Handlungsmöglichkeiten über diese unsichtbare Grenze der realistisch annehmbaren künftigen Akzeptanz aller Rechtsgenossen hinaus auszudehnen, der mag gesetzesgemäß agieren, doch er handelt im Ergebnis anmaßend und also unrechtmäßig.

III.) Schluss

Das Mehrdürfenwollen ist eine immerwährende Versuchung für jeden, der über einen Gegenstand – welcher immer dies im Einzelfalle sei – verfügen kann. Juristisches Verfügendürfen verleitet zum Verfügenwollen auch dort, wo das Verfügenkönnen eigentlich schon erschöpft ist, auch wenn die anmaßende Grenzüberschreitung in den Bereich des Nichtmehrkönnens (noch) nicht offenbar wird. Überschreitet der Verfügendürfende jedoch sein eigenes Verfügenkönnen, dann spült ihn (spätestens „in the long run“) die Faktizität der eintretenden (Un-) Möglichkeiten fort. Selbsternannte Vertreter haben demgemäß – ebenso wie ursprünglich noch ermächtigte Vertreter jenseits der konkreten Aufträge der Vertretenen – nur dann eine Chance, dauerhaft, gedeihlich und legitim zu wirken, wenn sie sich von vornherein freiwillig in den mutmaßlichen Grenzen des Möglichen halten und also dann, wenn sie durchgängig so demütig agieren wie ein sorgfältiger Geschäftsführer ohne Auftrag. Gesetzgeber haben folglich nur genau dasjenige Recht zu formulieren, das eine Rechtsgemeinschaft sich auch ohne ihr Zutun selbständig gäbe, wäre sie dazu faktisch in der Lage. Setzt der Gesetzgeber hingegen ein Recht, mit dem er seinen und nicht den Willen und das wahre Interesse der Rechtsgenossen gestaltend verwirklichen möchte, so handelt er im Ergebnis unrechtmäßig.

Eine Jubiläumsrede: Jazz als Leitbild für ein rationales Gesundheitssystem

Festrede des Autors zur Feier des 25-jährigen Bestehens der sächsischen Heilberufe-kammern in der Sächsischen Landesärztekammer, Dresden, am 11. September 2015

Sehr geehrter Herr Ministerpräsident,
sehr geehrte Frau Staatssekretärin,
sehr geehrte Damen und Herren Geschäftsführer,
liebe Heilberufler!

Ich danke Ihnen sehr für die Ehre, heute bei Ihnen sprechen zu dürfen. Und ich danke Ihnen zugleich für die Herausforderung, die Sie mir mit dieser Einladung gestellt haben. Denn nicht nur Sie feiern 25 Jahre sächsisches Kammerwesen unter der Geltung einer bundesrepublikanischen Rechtsordnung. Auch für mich persönlich sind es bald 25 Jahre, die ich mich mit unserem Gesundheitssystem beruflich befasse. Auf Grundlage meiner anwaltlichen Einblicke in das Gesundheitssystem war mir also klar: Dem Wunsch, zu Ihrer Feierstunde gleichzeitig etwas Erbauliches und etwas über unser Gesundheitswesen zu sagen, kann man eigentlich nicht gerecht werden. Denn was ist erbaulich an Pflichtversicherungen und Sachleistungsprinzip, an Überverwaltung und Kontrollzwang, an Kontingentierung und Deckelung, an Honorarregressen und Priorisierung, an Beitragssatzstreit und Strukturausgleichszwängen? Lebt und überlebt unser gesetzliches Krankenversicherungssystem heute nicht alleine maßgeblich von der Selbstausbeutung seiner Akteure, von unbezahlten Über- und Mehrleistungen, von schweigend hingenommenem Verzicht und kopfschüttelnd-duldsamer Selbstaufgabe? Ich hoffe, der mir gestellten Herausforderung dennoch erbaulich und aufbauend gerecht zu werden, indem ich Sie heraus- und auffordern möchte, den heute in unsere Gedanken genommenen Aufbruchsgeist von 1989/1990 zu reaktivieren. Denn nur dann, wenn wir alle – als Freiberufler – unsere Chancen im Kammerwesen erkennen und nutzen, nur dann wird uns gelingen, den obwaltenden Kräften einer unsäglichen Zentralisierung allerorten (wieder) erfolgreich zu trotzen. Indem ich hier diese Perspektive beleuchte, sollten wir zu einer der Feierstunde angemessenen Freude finden. Trotz Gesundheitswesens.

Die erste wesentliche Brücke zu einem hoffnungsvollen Horizont zeigt uns hier und heute schon der Rahmen der Veranstaltung. Sie haben bei Ihrer Ablaufarchitektur heute alle Wortbeiträge zwischen musikalische Einlagen plaziert. Und was wir dabei jeweils hören, ist Jazz. Ich möchte zeigen, dass der Jazz uns musikgeschichtlich allen Anlass gibt, auf eine gedeihliche Dezentralisierung auch unserer staatlichen Verwaltung zu hoffen. Warum ist das so? Betrachten wir kurz die Ensemble-Geschichte des musikalischen Abendlandes und ihren möglichen Kontext mit der Staatsverwaltung.

Wenn man davon ausgeht, dass Entwicklungen auf gesellschaftlichem und namentlich kulturellem Gebiet gewissen politischen Tendenzen oftmals vorangehen, dann eröffnet ein Blick auf die Musikgeschichte eine interessante und Hoffnung stiftende Perspektive auf das, was dem derzeit sehr weiten politischen Beherrschungsanspruch wohl folgen dürfte. Denn gerade in der

Musik zeigt sich, dass ein Wachstum über das Maß des Überschaubaren hinaus in der Folgephase wieder in die Entwicklung gesünderer und menschenfreundlicherer, kleinerer Einheiten mündet. Zugleich wird deutlich, dass viele Traditionsbrüche, die um des bloßen Erneuerns willen vollzogen wurden, auf Dauer ohne Bestand sind. Geradezu organisch findet ein verirrtes System dann – geläutert – zu seinen überkommenen Strukturen zurück.

Ich werde konkret: Parallel zu der bekannten Entwicklung vom heute gern verspotteten Kleinstaat hin zur großen, nationalen Staatsform lässt sich über die Jahrhunderte hinweg ein konsequentes Wachstum der musikalischen Einheit namens „Orchester“ beobachten. Während der Klangkörper Monteverdis für seine Oper „L’Orfeo“ im Jahr 1607 noch mit 36 Musikern auskam, erweiterten zunächst Johann Sebastian Bach in der ersten und die sogenannte Mannheimer Schule in der zweiten Hälfte des 18. Jahrhunderts das Orchesterpersonal erheblich. Die Klangfülle für den harmonischen Hintergrund besorgten zunehmend nicht mehr nur wenige Musiker an einigen Tasteninstrumenten, sondern eine wachsende Vielzahl von hinzutretenden Streich- und Blasinstrumenten. Beethoven verdoppelte zur Sicherheit gegenüber Haydn und Mozart die Waldhörner, und zusätzliche Posaunisten besiedelten seinen Orchestergraben. Richard Wagner beschäftigte in seinem „Ring“-Zyklus bereits 104 Orchestermusiker, und Richard Strauss ließ gleich 120 Tonwerker zum Dienst antreten. Anton Bruckner erweiterte sein stattliches Symphonieorchester aus Liebe zu Richard Wagner noch um vier Wagnertuben aus dessen Besetzungsliste. Und Gustav Mahler, der bei dem Wagner-Fan Anton Bruckner gelernt hatte, strebte als Komponist ausdrücklich danach, „mit allen Mitteln der vorhandenen Technik“ zu orchestrieren. Er galt wohl nicht zuletzt deswegen auch als unnachgiebiger Tyrann am Dirigentenpult, weil die punktgenaue Durchsetzung aller seiner kompositorischen Ideen gegenüber mehr als 100 Musikern ganz zwangsläufig nur wenige Diskussionsspielräume lässt. Wo käme ein Orchester dieser Ausmaße schließlich auch künstlerisch hin, wenn jeder einzelne Musiker täte, was er selber gerade für richtig hält? Eine Pikanterie bei all diesem musikalischen Wachstum ist, dass sich auch hier ausgerechnet ein Franzose, nämlich Hector Berlioz, mit dem Gedanken trug, ein 467-Mann-Orchester zu besetzen und es mit 360 Choristen erklingen zu lassen. Man mag gar nicht darüber nachdenken, welche Tyrannenqualitäten am Dirigentenpult erforderlich gewesen wären, um diesen Klangkörper in der Grande Nation hören zu können. Zumindest dieses Projekt ist der Musikwelt erspart geblieben.

Interessanterweise war die Zeit der relevanten Kompositionen für Großorchester abrupt mit dem Ende des Ersten Weltkriegs ausgelaufen. Nur wirtschaftliche Ursachen dafür zu vermuten, griffe zu kurz. Denn sie kehrten auch später praktisch nie wieder. Näher liegt also, die Grenzen jeder noch irgend vernünftig beherrschbaren Orchestergröße als erreicht anzusehen. Und näher liegt auch, das weitgehende Ende der Werke für Orchester dieser Art in einem ästhetischen Tabubruch zu sehen.

Nachdem nämlich, wie man sagt, Richard Wagner mit seinem Tristan-Akkord die Grenzen der traditionellen Tonalität erreicht (oder gar gesprengt) hatte, verliefen sich anschließend viele Komponisten unterhalb seiner Genialität in die Merkwürdigkeiten der Zwölftonmusik. Arnold Schönberg, der 1911 mit seinen „Gurre-Liedern“ noch einmal mehr als 100 Musiker zusammengesetzt hatte, meinte gar, von einer „Emanzipation der Dissonanz“ sprechen zu dürfen. Zu einem solchen ästhetischen Zugeständnis waren die Ohren der Welt jedoch – aus, wie ich meine, naheliegenden Gründen – nicht bereit. Fast zeitgleich mit dem Ende der Großorchester kam stattdessen der Jazz aus den USA nach Europa. Aus New Orleans 1917 amtlich vertrieben, reiste er über Chicago und New York in die Alte Welt. Er hielt sich nun wieder im wesentlichen an die herkömmliche Dur- und Moll-Melodik, reicherte sie aber um Pentatonik, farbige Harmonien und vor allem um die „blue notes“ an. Zudem ließ er dem Rhythmus ein äußerst freies Spiel. Den wohl maßgeblichsten Kern des Jazz bildete aber schließlich die Möglichkeit, in überschaubaren personellen Einheiten mit anderen gemeinsam frei zu improvisieren, statt nur stur und tyrannisch von einem Gustav Mahler am Dirigentenpult beherrscht feststehende Noten vom Blatt zu spielen. Insofern ist jeder Jazzmusiker auch ein Freigelassener der Musik, der seine Individualität ebenso dezentral wie eigenverantwortlich mit anderen tönend lebt.

Wynton Marsalis hat den Blues und den Swing im Jahre 1995 sehr anschaulich (bei Youtube auch anschaubar unter „Texaco Roundtable Presents Wynton Marsalis“) beschrieben. Er sagte, Blues und Swing seien äußerst amerikanisch und demokratisch, weil sie zweierlei zeigten: Auch wenn das Leben bisweilen hart sei und seine Anstrengungen traurig machten, so gebe die harmonische Auflösung im Blues doch immer wieder Hoffnung, dass es auch im Leben irgendwie weitergehe. Und wie man sich mit seinem Swing dem Swing des anderen anzufügen habe, so müsse dieser sich auf einen selbst einstellen, was dem demokratischen Geist der amerikanischen Gesellschaft entspreche.

Nun mag man die Beschreibung der heutigen USA als einer dezentral verantwortlich gelebten, swingenden Demokratie nicht zwangsläufig als einschränkungslos treffsicher betrachten. Das Spannende an der Demokratie-Definition aus der Sicht eines Jazzmusikers ist aber dies: Die Mitglieder eines Jazzorchesters stimmen nicht mit Mehrheit darüber ab, was nun wie gespielt werden müsste. Sie verständigen sich stattdessen zunächst darüber, was sie spielen wollen, und überlassen es dann jedem Einzelnen, ob er an dieser Session überhaupt mitwirken möchte. Haben sich alle Musiker im Einvernehmen auf ein bestimmtes Stück mitsamt seiner Grundmelodie und seinen Harmoniefolgen geeinigt, dann lassen sie das Werk gemeinsam und in wechselseitigem musikalischen Respekt voreinander erklingen. Sie spielen einige Teile gemeinsam, andere je einzeln, sie gestehen einander Freiräume zu, und sie wissen: Weder ist einer alleine der tyrannische Boss, noch würden sie dulden, dass der Trompeter und der Schlagzeuger zusammen den Bassisten brutal übertönen. Denn das wäre das Ende alles weiteren gemeinsamen Musizierens.

Wenn die Musik der Welt diese Lektionen bereits gelernt hat und wenn kulturelle Erkenntnisse den politischen – wie beschrieben – oft vorangehen, dann besteht also jeder Grund zu der Hoffnung, dass auch unsere derzeitige Gesundheitspolitik von ihren Berliozschen Phantasien megalomanen Ausmaßes wieder zu heiter swingenden Umfängen mit gesundem und überschaubarem Menschenmaß zurückfindet. Denn Harmonie klingt zwar zuletzt im Ohr, ihren Ursprung hat sie aber immer in einem wohlwollenden Herzen und einem kooperationswilligen Hirn.

Wie sieht es demgegenüber staatsorganisatorisch aus? Zum Unterschied von diesem jazzmusikalischen Modell der individuellen Freiheit, des lebendigen Teamgeistes und der kreativen, dezentralen Kooperation sehen wir staatshistorisch eine völlig andere Entwicklung seit dem Ende des Ersten Weltkrieges. Das Phänomen Staat ist in den letzten hundert Jahren sogar noch mehr gewachsen und gewuchert als das Orchester in der Zeit davor. Staatsverwaltung will und macht „alles, was technisch geht", um es noch einmal in der hübschen Formulierung von Gustav Mahler zu sagen. Am Vorabend des Ersten Weltkrieges lag der Einkommensteuerhöchstsatz in Deutschland bei fünf Prozent, und nur zwei Prozent der Beschäftigten arbeiteten in Diensten des Staates (die Hälfte davon bei der Reichswehr). Hundert Jahre später haben sich diese Werte verzehnfacht. Wir zahlen rund 50 Prozent Steuern, und knapp 20 Prozent der Erwerbstätigen beziehen ihr Einkommen aus öffentlichen Quellen. Was aber will ein Arzt, ein Zahnarzt, ein Apotheker oder ein Therapeut lieber sein? Freiberuflicher Jazzmusiker, dezentral organisiert in fachkundig selbstverwalteten Kammern mit kompetenten Kollegen? Oder ein mechanisch agierender Orchestermusiker, ferngesteuert von einem ungreifbaren Dirigenten und einem ungesehenen Komponisten, einheitsgewerkschaftlich organisiert? Wenn es so etwas gibt wie die bisweilen bemühte Ungleichzeitigkeit des Gleichzeitigen (oder die Gleichzeitigkeit des Ungleichzeitigen, Geschichtsphilosophen sind erfinderisch), dann könnte – und sollte – nun anstehen, die staatliche und parastaatliche Gesundheitsverwaltung ebenso organisatorisch und personell abzurüsten, wie dies musikalisch in den Ensembles bereits geschehen ist. Das von den Kammern (auch und gerade in Sachsen) über die vergangenen Jahrzehnte so schmerzlich erfahrene Oszillieren zwischen Freiheit und Zwang, zwischen – pars pro toto – Reichstierärztekammer und selbstverwalteten Tierärzten, sollte sinnvollerweise wieder Richtung Freiheit und Selbstverantwortung gewendet werden. So wie vor 25 Jahren, als die innerdeutsche Mauer fiel.

Zum Verständnis dieses überraschenden Bezuges zwischen Jazz und Stacheldraht ist nun nötig, die Mauer als Phänomen noch einmal genauer zu betrachten. Die Mauer hat nämlich kommunikationstheoretisch sowohl eine semiotische als auch eine brachial physikalische Dimension. Als Zeichen erklärt sie allen, die sich ihr nähern: „Hier geht es nicht weiter, magst du selbst auch weitergehen wollen.“ Physikalisch vollzieht sie den Inhalt dieser befehlenden Erklärung sogleich. Die Mauer ist also Befehl und Vollzug in einem. In dieser Einheit bricht sie den Willen des Wandernden. Innerhalb der DDR stellte sie sicher, dass der Wille der Partei und der Räte die größere Kraft hatte als der Wille des Einzelnen oder gar der Wille des Volkes. Die Partei hatte immer recht, wie vormals König, Adel und Klerus. Sie maßte sich an, zu wissen, was für alle und was für jeden das Beste war. Der individuelle Wille war irrelevant. Misslich für jeden, der seinem Gegenüber auf diese Weise dessen Willen austreibt, ist nur stets, dass diese Methode die inhaltliche Richtigkeit seines Arguments nicht fördert. Der Lateiner weiß: Auctoritas, non veritas, facit legem. Doch schert es die Wahrheit natürlich nicht, wenn – an ihr vorbei – machtvoll das Gesetz gemacht wird. Dessen gravitätischer Geltungsanspruch zerschellt früher oder später dann doch stets an den Klippen der Realität.

Zu diesen Realitäten, denen man sich vernünftigerweise stellen sollte, gehört unter anderem, dass hier und heute auch Psychotherapeuten ihr ostdeutsches Kammerwesen feiern. Dies rechtfertigt zusätzlich den nächsten Exkurs meiner Argumentation. Ich wage eine Analogie zwischen menschlich-individueller Bindungspsychologie und gesellschaftlicher Entwicklung. Der

Psychologe weiß: Der Säugling und das kleine Kind sind ohne Bezugspersonen (früher sprach man von „Eltern“) nicht lebensfähig. Das Kind vertraut Mutter und Vater. Deren Ansagen sind verlässlich, um zu überleben. Das unreflektierte und geradezu kritiklose Urvertrauen zu den Eltern kann aber nicht endlos währen. Der wachsende Mensch muss erwachsen werden, um als selbständiges, eigenständiges Individuum überlebensfähig zu werden. Dieser Ablösung dient die Pubertät, in der schlichtweg alles in Frage gestellt wird, was die vormals vertrauensgewöhnten Eltern raten und empfehlen. Der Bruch ist ein absoluter. Der elterliche Schutzwall vor den Fährnissen der Welt hat also ein natürliches Verfallsdatum. Erst nach dieser Ablösung des Kindes kann es später wieder zu einer Annäherung unter Erwachsenen, von gleich zu gleich, kommen.

Wenn aber der pubertierende Ausbruch aus dem gewickelten Säugling zuletzt einen Erwachsenen macht, dann liegt vielleicht nahe, anzunehmen, dass auch eine von „Vater Staat“ eingemauerte Gesellschaft irgendwann ihren erkannten Status als bloßes Kollektiv von Sozialuntertanen im Stacheldrahtkinderzimmer beenden will. Der totalverwaltete Sozialstaatsbürger entdeckt also plötzlich seinen eigenen bürgerlich-politischen Körper. Die Pubertät solcher Gesellschaften erzwingt sodann den Mauerfall. Das aufgenötigte Wollen wird durch den eigenen Willen ersetzt.

Bleibt die Frage: Wodurch entdeckt der von fremdem Willen dirigierte Sozialuntertan innerhalb seines rundum verwalteten Lebensbereiches dann plötzlich seine tatsächliche Lage? Was ist das auslösende Moment für eine gemeinsame gesellschaftliche Pubertät? Blickt man auf die untergegangene DDR, deren Ende wir heute feiern, so fallen empirisch-historisch zwei Aspekte auf. Aspekt Nummer eins ist der ökonomische Mangel. Es machte in den 1980er Jahren immer weniger Freude, DDR-Bürger zu sein und tagtäglich in Schlangen zu stehen. Der Mangel alleine, das heißt das bloße Fehlen gewisser Gegenstände, hätte aber den gesellschaftlichen Pubertätsschub, um ihn hier einmal so zu nennen, wohl noch nicht ausgelöst. Die Geschichte kennt Gesellschaften, die in noch engeren wirtschaftlichen Verhältnissen nicht „auf die Barrikaden gegangen“ sind. Einiges spricht dafür, dass Aspekt Nummer zwei die kumulativ entscheidende Rolle gespielt hat: das Begreifen des Mangels als Mangel infolge der Kenntnis über die Möglichkeit des Andersseins. Denn nur der, der vergleichen kann, ist überhaupt imstande, einen Zustand als unzureichend zu erfassen. Nur der, der ein großes X gesehen hat, weiß, dass das kleine x, das er bisher kannte, kleiner ist als jenes große X. Ab dann will er weg von seinem kleinen x, hin zu einem großen X.

Der Hase im Pfeffer ist also die Kenntnis von der Möglichkeit des Andersseins. Diese Kenntnis wird durch Botschaften vermittelt. Und Botschaften brauchen Boten. Historisch kann man den Beginn des Staates auf den Zeitpunkt legen, der auf die Erfindung der Schrift folgte. Wo es keine Schrift gab, da konnte niemand irgendetwas verwalten. Durch die Abstraktionsmöglichkeiten der Schrift wurde möglich, Botschaften unabhängig von Zeit und Ort von einem Menschen an einen anderen zu senden. Das verschaffte jedem Macht, der lesen und schreiben konnte. Die bis dahin bestehenden Machtstrukturen zerbrachen und wurden durch neue ersetzt.

Der nächste Entwicklungsschritt lässt sich auf die Erfindung des Buchdrucks terminieren. Schrift als Träger einer Botschaft wurde plötzlich einer viel größeren Vielzahl von Menschen zugänglich als zuvor. Luther übersetzte die Bibel. Sie wurde gedruckt. Vergleichsweise mehr Menschen als vorher lasen nun plötzlich die Heilige Schrift und zogen daraus Konsequenzen. Wieder zerbrach – nach schweren Kämpfen eines 30-jährigen Krieges – die vorherige Machtstruktur.

Manches spricht heute dafür, dass wir einen weiteren epochalen Entwicklungsschritt dieser Art als Zeitgenossen erleben. Das Internet macht die Verbreitung von Botschaften in einer Breite und Geschwindigkeit möglich, wie es sie nie zuvor in der Geschichte gab. Es sind nicht mehr wenige Journalisten, die als Torwächter zwischen Ereignis und Bericht über Einlass oder Nichteinlass von Botschaften in das allgemeine Bewusstsein entscheiden. Die Masse der Netzgemeinde schafft sich und sucht sich ihre eigenen Beschreibungen der Welt. Das geistige Abbild der Welt in der gesellschaftlichen Vorstellung wird ein anderes. Diejenigen, die es gestern noch gestalten konnten, verlieren ihren Einfluss und also ihre Macht. Die Würfel der Macht werden von der Masse neu verteilt. Die Netzgemeinde als staatenübergreifende Gesellschaft entdeckt die Möglichkeiten des Andersseins. Sie entdeckt ihren bürgerlich-politischen Körper, wie einstmals die Männer und Frauen der DDR im Jahre 1989. Ein Indiz für dieses kollektive Pubertieren mag auch in dem Umstand gesehen werden, dass – für Jugendliche dieser Altersstufe typisch – die verbale Entgleisung im Netz so breite Räume einnimmt. Leider raufen sie sich auch nicht selten. Die Unruhe jedenfalls, die wir allerorten beobachten, dürfte Indiz für diesen Entwicklungsschub sein. Gesellschaften mögen nicht mehr passiv fremdbestimmt werden, sondern aktiv ihr Schicksal in die eigenen, erwachsen werdenden Hände nehmen.

Diese durchaus globalen Tendenzen haben indes auch ihren ganz konkreten Einfluss auf unser bundesrepublikanisches Gesundheitswesen. Sie färben ab auf die Heilberufekammern als Bestandteil des Gesundheitssystems. Und das wiederum rechtfertigt, ganz praktisch, diesen weiten Bogen durch die Geschichte und über den Globus zu schlagen. Denn die sich aus alledem ergebenden Handlungsaufforderungen richten sich auch exakt an Sie alle, die Sie hier und heute zum Feiern versammelt sind. Wenn nämlich ganze Gesellschaften entdecken, nicht alternativlos fremdbestimmt sein zu müssen, sondern ihren eigenen Willen tatsächlich umsetzen zu können, dann bleibt das nicht ohne Auswirkung auch auf die Frage nach dem individuellen Patientenwillen im Gesundheitswesen. Und gerade dort finden wir heute eine zwar allgemein (noch) geduldete, aber absehbar nicht mehr ernsthaft haltbare Paradoxie: Der Wille des Patienten ist nämlich, skurrilerweise, gleichzeitig heilig und irrelevant! Wie kommt das?

Ganz einfach. Kein Arzt, kein Zahnarzt, kein Therapeut und auch kein Apotheker darf medizinische Maßnahmen oder pharmazeutische Eingriffe an einem Patienten vornehmen, wenn dieser nicht zuvor eingewilligt hat. Diese Einwilligung genügt nicht als ein bloßes Nicken oder Ja-Sagen. Sie muss ihrerseits – sichergestellt – frei von Willensmängeln sein. Dies wiederum erfordert, dass der Helfer dem Patienten zuvor die nötige Aufklärung über die Bedeutung und den Umfang der Einwilligung angedeihen lassen muss. Es bedarf hier keiner weiteren Erläuterung, welche juristische Relevanz all dem im zivilen Schadensersatzrecht und ebenso im Strafrecht zugemessen wird. Diese sämtlichen Rechtspflichten des Helfers stehen im Zentrum seines beruflichen Handelns. Ganz anders sieht dies das gesamte öffentlich-rechtliche Sozialversicherungsrecht mit seinem (verharmlosend als „Pflichtversicherung" bezeichneten) Zwang zur Teilnahme am Versicherungskollektiv. Hier wird der Versicherte und also der Patient nicht im Ansatz nach seinem Willen gefragt. Er wird auch zu keinem Zeitpunkt von irgendjemandem über Bedeutung und Umfang seiner gesetzlichen Versicherungspflicht belehrt. Sein Teilnahmezwang ist, um das derzeit so modische Wort zu nutzen, alternativlos. Welche Therapie er beanspruchen kann, welche nicht, welche Medikamente er im Krankheitsfalle nehmen darf und welche nicht, welchen Umfang die ihm angediehene gesundheitliche Hilfe haben wird, all dies bleibt gänzlich unbestimmt. Es entscheidet im Ergebnis der Gemeinsame Bundesausschuss über alle Bedingungen des Sozialversicherungsverhältnisses. Dessen demokratische Legitimität entspricht – wenn man offen reden will – der unserer Kommission in der Europäischen Union: Es gibt sie nicht. Dennoch ist alles Anordnen und Bestimmen dieses Ausschusses (vor 1989 hätte man in Sachsen auch von einem „Rat" oder, in freundschaftlicher Verbindung zu unseren östlichen Nachbarn, von einem „Sowjet" sprechen können...) verbindlich.

Aus dem Gesagten mag ich die Prognose wagen: Auch hier wird die Pubertät des Pflichtversicherten im Gesundheitswesen kommen. Der gesundheitliche Sozialuntertan wird seinen Körper als Gegenstand des eigenen medizinischen Interesses entdecken. Dann wird er die Mauern überwinden wollen, die das

Sozialgesetzbuch heute um ihn errichtet hat. Welche jugendliche Kraft und Energie sich an dieser Stelle entladen wird, lässt sich heute bereits daran absehen, mit welcher Freude das Publikum alternative Heilmethoden sucht und findet, die im staatlichen Umverteilungs- und Zuteilungssystem des Sozialgesetzbuches keinen Platz haben. Die Ursache für diese Pubertät wird auch hier sein, dass niemand das Orchester des heutigen Gesundheitssystems noch je wieder beherrschen kann. Die Zwänge und ihre Überverwaltung werden auch im Gesundheitswesen zu einem Bedürfnis nach Jazz führen.

Ich komme demgemäß zu meinen Schlussbemerkungen, die – der Feierstunde entsprechend – Auswege und Perspektiven zeigen wollen. Sechs Varianten beziehungsweise Prinzipien werden in der Zukunft meines Erachtens sinnvollerweise Beachtung finden müssen.

Erstens ist Wahrhaftigkeit nötig in Anamnese und Diagnostik, um die Bedingung der Möglichkeit einer erfolgversprechenden Therapie überhaupt erst zu schaffen. Jedes Mitglied einer Heilberufekammer weiß: Ein Patient, der aus Angst oder Scham nicht die richtige Kunde von seinen körperlichen Zuständen wagt, vergibt sich hierdurch die Chance auf schnellen Heilungserfolg. Nicht anders ist es in politischen und gesundheitssystematischen Zusammenhängen. Der große SPD-Politiker Franz Müntefering, mit dem ich – vorsichtig gesprochen – nicht immer einer Meinung bin, hat es anlässlich seines 75. Geburtstages vor einigen Wochen in kleinem Kreis erklärt. Im Raum steht die Frage: „Warum sagen uns Politiker nicht die Wahrheit?“. Um gesellschaftliche Heilungsprozesse in Gang zu setzen und um gesellschaftliche Kräfte zu nutzen und zu mobilisieren, bedarf es einer offenen, wahrhaftigen politischen Anamnese und Diagnose. Verschämtes Schweigen oder beschönigendes Reden intensivieren den Leidenszustand.

Zweitens sehe ich die dringende Notwendigkeit für Demut der Akteure in allen staatlichen und parastaatlichen öffentlichrechtlichen Verwaltungseinheiten. Nur mit dieser Demut vor den Konsequenzen des eigenen Verwaltungshandelns und mit

Demut im Hinblick auf die Grenzen der eigenen Einflussmöglichkeiten wird sich wieder ein gedeihliches und ausgeglichenes Verhältnis zwischen „übergeordneter“ Verwaltung und „untergeordneter“ bürgerlicher Aktivität einstellen können. Einer der nach meinem Dafürhalten wertvollsten moralischen Grundsätze für richtiges Handeln lautet: „Nemidem laede, immo omnes, quantum potes, iuva!“ Verletze niemanden, vielmehr unterstütze alle, soweit du es vermagst. Welche Klugheit steckt in diesem kurzen Satz. Dass man niemanden verletzen soll, versteht sich in unserem Kulturkreis gleichsam von selbst. Eine andere Frage aber ist, ob und in welchem Umfang jenseits des Anspruchs auf eigene Integrität anderen Hilfe geleistet werden soll. Wir müssen allen Hilfe leisten, aber eben nur soweit und soviel, wie wir es vermögen. Übersteigt das Maß der Hilfe für den oder die anderen den Umfang der eigenen Potentiale, so zehrt sich der Helfende aus, was seine eigene Integrität in Frage stellt, wozu er jedoch auch moralisch nicht verpflichtet ist. Der zweite moralische Grundsatz auf Latein, der in dieser Feierstunde ausgesprochen gehört, lautet, unter der Prämisse eines Aufrufs zur Demut, wie folgt: „Respice finem!“ Bedenke das Ende. Wir alle haben demütig zu beachten, welche Folgen unser unmittelbares Handeln am langen Ende seiner kausalen Konsequenzen haben kann und haben wird. Auch hier wird der Respekt vor anderen gefordert. Wenn wir wechselseitig unsere Integrität, einschließlich des individuellen Willens anderer Menschen, seien diese auch aus unserer Sicht dumm und unvernünftig, wahren, so entsteht eine bunte und vielfältige Gesellschaft. Einheitsgewerkschaften wollen ihre Entscheidungen alternativlos durchstellen. Dies ist nicht demütig und läßt keinen Jazz zu.

Drittens erfordern Jazzmusik in kleinen, dezentralen und überschaubaren Einheiten und standesrechtliche Kammerpolitik beide gleichermaßen systematische Komplexitätsreduktionen. Was hyperkomplex ist, lässt sich nicht verantwortlich beherrschen. Was zu kompliziert ist, macht weder Spaß, noch klingt es gut oder funktioniert gedeihlich. Wer den Mut hat, aus His-Dur in C-Dur zu wechseln, der kann es. Und für das Publikum ändert sich nicht einmal etwas.

Viertens erfordert eine Zeit des gesellschaftlichen Umbruchs Risikobereitschaft. Die Heißluftballonfahrt der DDR-Emigranten über den Todesstreifen war eine Reise über das und in das Ungewisse. Die Bereitschaft aber, existentielle Entscheidungen zu wagen, generiert Vertrauen in die eigene Kraft und nötigt immer wieder zu kreativen Lösungen. Am Ende solcher Reisen stehen Erfolg, Glück und Zuversicht, Selbstvertrauen und Friedfertigkeit. Wer ohne die Bereitschaft zu derartigen Risiken immer nur ängstlich am Alten festhält, der wird den Umbruch in neue Strukturen nicht überstehen.

Fünftens erfordern diese Handlungsmaximen die Überwindung des sozialstaatlich-paradoxen Befindlichkeitsgefängnisses. Wirkliche Solidarität und ernsthafte gesellschaftliche Verantwortung gedeihen nämlich nicht dort, wo den Bürgern politisch und rechtlich keine Handlungsspielräume zugestanden werden. Im Gegenteil erwächst tatsächliche soziale Verantwortung erst dort, wo der Einzelne gefordert ist, die Konsequenzen seines eigenen Handelns für sich und andere sehenden Auges zu tragen. Zusammenhalt, Mitmenschlichkeit und Nächstenliebe sind urmenschliche, vorstaatliche Impulse, die nicht erst durch parlamentarische oder verwaltungstechnische Normierung entstehen. Deswegen haben Jazzmusiker auch mehr individuelle Verantwortung für sich selbst und für ihre Band als jeder einzelne weisungsgebundene Kammermusiker für ein noch so großes Orchester. Die sächsischen Apotheker haben es vor 25 Jahren zu einer Prämisse ihres Handelns gemacht, Selbstkontrolle statt Fremdkontrolle anzustreben. Ein gutes Kammerwesen für Freiberufler lebt exakt diese Prämissen.

Sechstens bedarf es des Mutes zum Aufbruch in die neu aufkeimenden Dynamiken. Lassen Sie (und lassen wir alle) den Geist von 1989 wieder aufleben! Vielleicht war dieser Geist noch nie so wichtig wie gerade jetzt, da wieder Grenzen fallen und altvertraute Rahmen in völlige Unsicherheit gesprengt werden. Ost und West waren wahrscheinlich bis 1990 zwei Bauklötze, die schräg gegeneinander gestützt aneinander lehnten. Als der Ost-Bauklotz fiel, musste der Sturz des West-Bauklotzes unweigerlich folgen. Der schon zitierte Franz Müntefering hat, auch insoweit wohl mit Recht, diskutiert, dass 25 Jahre in historischen Zusammenhängen faktisch nur ein Wimpernschlag sind. Alles wird jetzt anders, und das schneller, als wir je dachten. Hätte ich Ihnen vor 30 Jahren prognostiziert, dass in 30 Jahren kein Todesstreifen mehr quer durch Deutschland steht, dass eine Frau mit DDR-Sozialisation Bundeskanzlerin und ein Theologe aus der DDR gesamtdeutscher Bundespräsident sein würde, so hätten Sie mich ebenso für verrückt gehalten, wie wenn ich Ihnen prophezeit hätte, dass in derselben Zeit das Rauchen in der Öffentlichkeit, der Gebrauch von Glühbirnen und das Durchfahren einer Innenstadt mit dem Pkw ohne zusätzliche bunte Aufkleber auf der Windschutzscheibe unmöglich sein würden. Ganz zu schweigen von der Ankündigung, dass ein Mann mit schwarzer Hautfarbe und dem Vornamen Hussein Präsident der Vereinigten Staaten von Amerika sein werde. Die Zeiten ändern sich. Und sie ändern sich immer schneller. Der kluge Philosoph Odo Marquard hat beschrieben, wie wir alle in einem „Zeitalter der Weltfremdheit" leben (werden). Weil sich die Welt ständig ändert, bewegen wir uns wie Kinder in permanent unvertrauten Rahmen.

Niemand kann ein Gesundheitssystem besser durch diese Ungewissheiten und Unwägbarkeiten steuern als diejenigen, die vor Ort tatsächlich wissen, was zu tun ist. Denn sie haben die Fachkompetenz, diese Fragen zu beantworten. Heilberufekammern sind zudem demokratisch „von unten" legitimiert. Ihr Bestehen ist nicht von politischen Tageslaunen abstrakter Machtkonstrukte abhängig. Kammern können und werden die bevorstehenden Erschütterungen überstehen. Sie müssen sich dem Wandel wieder, wie vor 25 Jahren, offen, dezentral, flexibel, mutig und wahrhaftig stellen. Diejenigen, die in den Kammern und mit den Kammern diesen Weg gehen, werden die Zukunft erobern. Denn Sie können die Jazzmusiker des Gesundheitssystems sein statt gebundene Musiker eines zentralistischen

Orchesters, das weisungsabhängig die zunehmend unverständlichen Partituren eines verirrten und verwirrten Komponisten abarbeitet. Let it swing!

***

Zum Autor

Carlos A. Gebauer studierte Philosophie, Neuere Geschichte, Sprach-, Rechts- und Musikwissenschaften. Neben seiner Tätigkeit als Rechtsanwalt und Fachanwalt für Medizinrecht in Düsseldorf ist er seit 2003 als Anwaltsrichter berufen, bis Ende 2015 beim Anwaltsgericht Düsseldorf, seither als Mitglied des 2. Senats beim Anwaltsgerichtshof Nordrhein-Westfalen. Im Juni 2015 wählte ihn die Friedrich A. von Hayek-Gesellschaft zu ihrem stellvertretenden Vorsitzenden. Als Autor schrieb und schreibt er unter anderem für die „Frankfurter Allgemeine Zeitung“, die „Neue Juristische Wochenschrift“, den „Hauptstadtbrief“, die „Zeitschrift für Rechtspolitik“, den „Schweizer Monat“, die „Schweizerzeit“, die Magazine „Cicero“ und „Pardon“, „Novo Argumente“, „The European“ sowie als regelmäßiger Kolumnist für die „Freie Presse Chemnitz“, die „Wirtschaftswoche“ und für eigentümlich frei. Seine private Deregulierungshomepage findet sich unter der Adresse www. make-love-not-law.com. Im Lichtschlag-Verlag erschienen seine Bücher „Warum wir alle reich sein könnten und wie unsere Politik das verhindert“ sowie „Der Gesundheitsaffront“, im Finanzbuchverlag das Buch „Rettet Europa vor der EU“.

Quellen

„Die Menschenwürde im Sozialstaat“ wurde erstmals im September 2014 in der „Schweizerzeit“ veröffentlicht, „Wenn der Staat beim Sterben hilft“ bei „NovoArgumente“, Ausgabe 119, I/2015. „Darf’s ein bisschen mehr sein?“ erschien erstmals im Oktober 2015 auf „Tichys Einblick“, die „Gesetzgebungsmacht als Versuchung, über das Unverfügbare zu verfügen“ stellte meinen Beitrag für die XI. Gottfried von Haberler-Konferenz des European Center for Austrian Economics am 29. Mai 2015 an der Universität Liechtenstein in Vaduz dar.

Kontaktaufnahme mit dem Autor unter der Anschrift:

Carlos A. Gebauer
Rechtsanwalt und
Fachanwalt für Medizinrecht
Königsallee 30
40212 Düsseldorf
Email: gebauer@lindenau-prior.de

eigentüm

Eigentum

und Recht

und Freiheit

lich frei